J. G. Fischer

Friedrich der Zweite von Hohenstaufen

Historische Tragödie

J. G. Fischer

Friedrich der Zweite von Hohenstaufen
Historische Tragödie

ISBN/EAN: 9783743365391

Hergestellt in Europa, USA, Kanada, Australien, Japan

Cover: Foto ©ninafisch / pixelio.de

Manufactured and distributed by brebook publishing software (www.brebook.com)

J. G. Fischer

Friedrich der Zweite von Hohenstaufen

Friedrich der Zweite

von Hohenstaufen.

Historische Tragödie

von

J. G. Fischer.

Stuttgart.
Verlag der J. G. Cotta'schen Buchhandlung.
1863.

Den Bühnen gegenüber Manuscript.

Buchdruckerei der J. G. Cotta'schen Buchhandlung
in Stuttgart und Augsburg.

Personen.

Friedrich II. von Hohenstaufen, deutscher Kaiser, König von Sicilien ꝛc.

Bianca von Lancia, Vermählte des Kaisers.

Manfred, } ihre Söhne.
Enzio,

Rainer Capoccio, Cardinal-Legat.

Pietro von Vineis, Kanzler und Vertrauter des Kaisers.

Julia, seine Gattin.

Heliodora, ihre Tochter.

Hermann von Salza, Großmeister des Deutschordens.

Bischof von England.

Bischof von Catania.

Bischof von Palermo.

Gesandter von England.

Gesandter von Frankreich.

Pandolf von Fasanella, Statthalter in Tuscien.

Thaddäus von Suessa, kaiserlicher Oberrichter.

Senior der Lehrer der Bologneser Hochschule.

Gerichtsperson.

Abgesandter Siciliens.

Malespini, Pietro's Arzt.

Bojolus, ein Mönch.

Saracene.

Jacopo, wechselsweise kaiserlicher und päpstlicher Söldner.

Rambold, } deutsche Söldner im kaiserlichen Heer.
Triebig,

Stephano, italienischer Söldner im kaiserlichen Heer.

Beppa, Dienerin am kaiserlichen Hof.

Cyrillo, } Parmenser.
Crispino,

Kaiserliches Gefolge. Die Lehrer der Hochschulen zu Bologna und Neapel. Minnesänger, saracenische Tänzerinnen, Wachen, deutsche und saracenische Krieger, kaiserliche Diener. Volk.

Erster Aufzug.

Erster Auftritt.

Zu Verona. Kaiserliches Zimmer. Nach hinten ist dasselbe durch einen Vorhang von einem Saal abgeschlossen. Ein Tisch mit Papieren, Karten ꝛc.

Friedrich. Hermann von Salza.

Friedrich.
Du sagtest mir nichts Neues, Ordensmeister.
Die Schwaben sind von je zu meinem Hause
Wie feste Pfeiler um ein Schloß gestanden.
Ich sah es, als ich nach dem Tag zu Constanz
Den Rhein hinab und dann gen Schwaben zog;
Die Herrn von Württemberg und Tübingen,
Von Urach, Burgau und von Hohenzollern,
Sie standen helfend meinem Wachsthum bei
Und hielten gern zu einem Hohenstaufen.
Hermann.
Auch sonsten, hoher Herr, befand ich's also;
Nur die Prälaten stehen wider Euch.
Friedrich.
Sie waren für mich, als ich auf dem Reichstag

Am Rheine sie zu freien Herren machte,
Sie von dem Druck der wegelagernden
Raubritter löste, ihre Burgen brach
Und schuf die Freiheit jedem Kirchenfürsten,
In seiner Stadt zu richten und zu münzen.
Nun, da ich sie wie andre Menschenkinder
Gezwungen, mitzusteuern für das Reich,
Das sie wie Alle nährt und schützt, für sie
Im Krieg so wie für Alle kämpft und blutet,
Sind sie des Kaisers Widerpart.
\hspace{6em}Hermann.
\hspace{10em}Der Bischof
Von Salzburg, Regensburg und andre drohten
Dem Bayernherzog mit dem Bann, wenn er
Nicht so wie sie abfiele von dem Kaiser.
Der aber sprach: „Da ich dem Papst gehorchte,
Als euer Feind er war, da lehrtet ihr,
Er sei der Antichrist, und alles Unheil
Geh' aus von ihm; drauf wandt' ich mich zum Kaiser. —
Nun ist der Kaiser euch der Antichrist;
Doch ich ward's anders inne — und der Wind
Von eurem Banne soll den Herzog Otto
Von Bayern nicht zum zweitenmal bewegen."
\hspace{8em}Friedrich.
Wie stünd' es anders mit dem Reiche, dächten
Nur einen Tag lang alle Fürsten so!
\hspace{8em}Hermann.
Sie thun's.
\hspace{6em}Friedrich.
\hspace{8em}Doch hier auf welschem Boden nicht.
Sah ich's nicht eben am Verlust Viterbo's,

Wie starr die Welfen, meine ew'gen Feinde,
Zusammensteh'n, wenn's gilt, dem Uebermaß
Des päpstlichen Begehrens zu willfahren!
Hermann.
Das ist in Deutschland anders, hoher Herr!
Bei'm Böhmenkönig und den Herzogen
Von Oestreich, Braunschweig, Sachsen und Brabant,
Wie bei den Herrn von Brandenburg und Meißen
Verfangt die geistliche Versuchung nicht.
Ingleichen bei den Städten Metz und Frankfurt,
Freiburg und Bern, und allen, die des Kaisers
Großmuth hat reich gemacht durch Freiheitsbriefe. —
In Deutschland gründet Euch, dort ist ein Boden!
Nie wird Italien Euch geheuer sein.
Friedrich.
Wohl, wohl! ich kenne Deutschland. Die acht Jahre,
Die ich dort schaltete, sind nicht verloren;
Und nie vergessen hab' ich dieses Bodens. —
Ich komme wieder! und zu großen Dingen
Hab' ich das Land der Väter aufgespart,
Wenn's erst in Welschland worden, wie es muß.
Doch hier, hier gähnt der Zwiespalt noch. Die Städte
Liebäugeln mit dem Papst, und dieser zieht
Die Friedensunterhandlung hin und her,
Will Zeit gewinnen — und wozu? — Hier gilt
Sich vorseh'n; kein so schlauer Mann saß noch
Auf Petri Stuhl als Innocenz der vierte.
(Frohes Rufen von außen. Ein Saracene tritt ein. Nach ihm ein sicilianischer Abgesandter mit sechs Dienern.)

Zweiter Auftritt.

Vorige. Saracene. Sicilischer Abgesandter mit den sechs Dienern, darunter zwei Mohren.

Saracene (mit morgenländischem Gruß).
Der Führer deiner Saracenengarde,
Großmächt'ger Kaiser, legt sich dir zu Füßen.
Die Genueser Flotte ward von deinen
Seefahrern im toskanischen Gewässer
Gefangen, sammt den siebenzig Prälaten,
Sammt Millionen Goldes, köstlichem
Geräth und Edelsteinen, die sie trug,
Um sie nach Rom zu bringen an den Iman. —
Nun sind sie nicht nach Rom gelangt; wir haben
In Pisa, deiner treuen Stadt, die Schätze
Mit allen siebzig Muftis eingesperrt.

Friedrich.
Dank dir, mein Sohn, und sage deinem Herrn:
Die Saracenen sind getreue Seelen,
Drum hab' ich sie den Christen gleichgesetzt.

(Saracene ab.)

Friedrich (zu Hermann).
Das Gold war von des Papstes Creaturen
Aus England und aus Frankreich eingeschleppt,
Wo sie's der Angst und Dummheit abgepreßt,
Um Waffen draus zu schmieden wider mich.
Und die Prälaten waren gegen Recht
Und wider meinen Willen von dem Papst
Auf ein geheim Concil nach Rom geladen,
Wo man die Schlingen für den Kaiser dreht.

Nun — mög' es euch in Pisa wohl behagen,
Ihr Herrn, und was an Gold ihr eingescharrt,
Das soll der Krone statt der Kutte dienen.
    (Winkt dem Sicilianer. Dieser mit den Dienern tritt vor den Kaiser.)
                  Sicilianer.
Mich sendet von Palermo kaiserlicher
Statthalter, diese Männer zu geleiten,
Die Sultan Kamel aus Egyptenland
Mit köstlichem Geschenk dem Kaiser sendet.
Und der mich ausschickt, läßt Euch dieses sagen:
Sicilien, Euer treues, ist bereit,
Euch bis zum letzten Manne beizustehn.
Die Bettelmönche, die das Land durchzogen,
Und predigten den Abfall von dem Kaiser,
Die Ketzer, die der Kirche Ordnung höhnten,
Wir banden sie. — Was soll mit ihnen werden?
                  Friedrich.
Stäupt sie hinaus; und kehren sie euch wieder,
So lasset sie im Feuertiegel braten.
                  Sicilianer.
Das Blut ließ' alles Volk für seinen Kaiser,
Der auf den königlichen Gütern jeden
Leibeigenen zu einem Freien macht.
                  Friedrich.
In allen meinen Landen träf' ich's also;
Wer ist es, der um dieses Gut sie kürzt?
                  Sicilianer.
Der Adel murrt und sperrt die Kisten zu;
Doch doppelt steuert jedes Bürgers Hand
Zum kaiserlichen Schatz für Krieg und Frieden;
    (Winkt den Dienern, welche die Geschenke niedersetzen.)

Und großer Schmerz war durch die ganze Insel
Ob Eurer Niederlage bei Viterbo.

Friedrich.

Die denk' ich ehstens wieder gut zu machen. —
Auch wußt' ich, die Sicilier seien's werth,
Daß ich wie freie Männer sie bedenke;
Und mehr als schon gescheh'n, will ich noch thun.

(Ihm eine Rolle übergebend.)

Dieß bring' an Reinald, deinen Herrn, und sprich:
Ich hab mit meinem Kanzler Tag' und Nächte
Gesonnen, dieß Geschenk euch zu bereiten.
Es soll sofort in jeder Reichsversammlung,
Wo sonst nur Bischof und Baron gesessen,
Der Bürger sitzen wie Prälat und Adel.
Der Kaufmann soll und jegliches Gewerbe
Sich frei und ungehemmt im Lande regen;
Recht soll geschehen jedem ohne Anseh'n,
Und stünd' er klagend gegen Papst und Kaiser.
Wie ich es sonsten mit Sicilien meine,
In diesen Rollen findet sich's geschrieben. —
Verfolgt die falschen Prediger, sie lügen,
Ob's Bettelmönche oder Ketzer sind.
Glaubt mir, daß jenes Wesen Thorheit ist,
Was zügellose Willkür Freiheit nennt,
Willkür ist Knechtschaft; Freiheit aber wohnt
Wo alle gleich ein stark Gesetz verbindet —
Und dieses Kleinod schenk' ich meinen Völkern.

(Winkt dem Sicilianer, der mit den sechs Dienern abgeht.)

Hermann.

Und dankbar preisen sie des Gebers Hände.
Die Fürsten und die Städte Deutschlands zählen

Ihr Heil vom Tag an, da das Reich Euch sah.
Vollendet Euer Werk, und dieses Haupt,
So lang es Leben hat soll es Euch dienen!
    Friedrich (hinausschauend).
Pietro und Thaddäus kehren eben
Aus Rom zurück; führ' sie herein zu mir.
(Hermann ab.)

Dritter Auftritt.

    Friedrich (ihm nachblickend).
Ein treuer Mann! so ist es gut! Ich lieb' ihn
Wie ich Thaddäus liebe. — Nur Pietro
Steht meinem Herzen, meinem Geiste näher;
Ich möchte kaum mich denken ohne ihn. —
Welch eine Lust, an jeglichem Gewächs
Die eingeborne Kraft hervorzulocken
Und meiner Wirkung mich erfreu'n in ihnen!
Treibt Alles doch nur einem einz'gen Frühling
Als wie die Bäche Einem Strome zu.
Und diese Stromflut ist die Herrscherseele,
Die wie es ihr gefällt die Wogen treibt,
Die Ufer einhält oder überflutet! —
Denn Alles darf in seines Geistes Kraft
Ein Mensch! — Doch muß er können, um zu dürfen.
 (Hermann kommt zurück mit Pietro und Thaddäus.)

Vierter Auftritt.

Friedrich. Pietro. Thaddäus. Hermann.

Friedrich.
Willkommen, meine treuen Abgesandten!
Wie steht's mit Rom und Innocenz dem vierten?
Pietro.
Wir bringen die Bedingungen, die er
Der Friedensunterhandlung unterbreitet.
Thaddäus.
Verzeihet, mein Gebieter, Euer Diener
Thaddäus konnte keinen ernsten Willen
Zu Rom für die Verhandlungen entdecken.
Pietro.
Laßt's gut sein, kaiserlicher Oberrichter.
Des Papstes Klugheit und die Hinterhalte
In Allem, was er zugesteht und fordert,
Sind nur die Mahnung an des Kaisers Diener,
Des Geistes ganz Vermögen aufzubieten.
Thaddäus.
In dieser Tugend weicht Thaddäus Keinem,
Er weiß, in welches Herren Dienst er steht.
Pietro.
Ein Hemmniß, kaiserlicher Herr, erschwerte
Den Lauf der Unterhandlungen. Wie Feuer
Durchlief die Nachricht Stadt und Vatikan,
Die Genueser Flotte sei gefangen.
„Ist das die Miene," höhnte Innocenz,
„Die Friedrich zum Beginn des Friedens macht?"

Thaddäus.
Doch von dem Unrecht wurde Nichts gesprochen,
Womit er das Concil nach Rom berief.
Pietro.
Nun will der Papst zuvörderst die Gefang'nen,
Sammt allem Gold herausgegeben, auch
Ersatz des Schadens an die Genuesen
Geleistet seh'n, soll er den Bannspruch lösen,
Der noch vom neunten Gregor auf Euch lastet.
Friedrich (lachend).
Den Bann, ja so, den hätt' ich fast vergessen,
Wär's nicht der Volkswahn, der ihn wichtig macht.
Und welches war die Antwort, die ihr gabet?
Pietro.
Wir sagten zu.
Friedrich (schnell).
Ihr sagtet zu?
Pietro.
Nicht ohne
Den Vorbehalt, daß kaiserlicher Hand
All die bestritt'nen Ehren und Besitze
Unangefochten bleiben, die den Hader
Genährt bis heute zwischen Papst und Kaiser.
Friedrich.
Die steh'n mir zu ohn' jegliches Bedingniß.
Thaddäus.
Auch soll der Kaiser sich wie jeder Fürst
In allen Fragen, so der Kirche sind,
Dem Papst unwidersprüchlich unterwerfen.
Friedrich (heiter).
Was wäre nicht der Kirche? und wie viel

Würd' übrig sein, davon der Papst mir nicht
Bewiese, daß der Kirche es gehöre? —
Kaum so viel, als dem Papst noch übrig bliebe,
Wollt' ich beweisen, was des Kaisers wäre.
Doch was beweisen und mit langen Worten!
Es sei der Kirche, was sie halten kann,
Wenn ich mir hole, was des Thrones ist.
Ihr nanntet die Bedingung gut?
(Als sie verneigend bejahen.)
Ich auch,
Und denke sie zum mindesten so treu
Als Innocenz die meinen zu erfüllen.

Pietro.

Und Frieden sollt Ihr geben allen denen,
Die bei Viterbo wider Euch gestanden.

Friedrich.

Nicht auch den Mördern allen schon voraus,
Die man noch gegen mich bewaffnen wird?

Thaddäus.

Und volle Freiheit, sichres Friedenspfand
Den feindlichen Lombarden.

Friedrich.

Wie, Thaddäus,
Pietro, lacht ihr nicht? und lachte nicht
Der Papst, als er euch die Bedingung nannte?
Sprach er nicht grad heraus zu euch: Ich will
Ihn erst erwürgen, dann vom Banne lösen?
Mit meinen ärgsten Feinden Frieden? die
Mit ihm, dem Papst, allein die Ursach' sind,
Daß nicht vom Nordmeer bis Sicilien

Ein einig herrlich Reich ist ohne gleichen!
Sind das die Fragen, die der Kirche sind?
(Nachsinnend.)
Habt ihr die Punkte, wie ich anbefahl,
Nur mit dem Einbeding der Zustimmung
Der deutschen Fürsten annehmbar geheißen?
Pietro.
Es ist so, kaiserlicher Herr. Auch will
Der Papst, um die Verhandlung zu erleichtern,
Euch näher kommen, und will seinen Hof
Zu Sutri nehmen mit den Cardinälen.
Friedrich (überrascht aufstehend).
Mir näher kommen? Innocenz? Das ist
Unmöglich! eher käme Feu'r und Wasser
Zusammen, und zu gut hab' ich erfahren,
Als er noch Sinibald Fiesko hieß,
Daß Haß und Tod in einer Seele lauern,
Und doch das Auge freundlich lächeln kann. —
Was soll's mit diesem Schachzug, Innocenz? —
(Rasch entschlossen.)
Thaddäus, Ordensmeister, gebt Befehl,
Zwiefach soll aufziehn die Besatzung, welche
Die Weg' und Brücken gegen Rom bedeckt;
Bei seinem Kopfe lasset jedem Wechsler
Verbieten, an des Papstes Schatz zu zahlen,
Und an der Küste von Toskana kreuze
Die doppelte Bemannung meiner Flotte.
Die Alpenpässe deutscher Seite sind
Von König Konrad, meinem Sohn, bewacht;
Mit meinen andern, Enzio und Manfred,
Will ich entgegenzieh'n dem Kirchenfürsten.

Sagt ihnen meinen Willen, heißt sie kommen,
Und wenn's geschehen ist, so laßt mich rufen.
(Hermann und Thaddäus ab.)

Fünfter Auftritt.

Friedrich. Pietro.

Friedrich.
Wenn er entflöh'! — Die Welt stünd' auf dem Spiele!
Die Saat des Wahnes und des Pöbelglaubens
Hat wieder Luft und schießt in neue Blüthe,
Seit Innocenz sie düngt und sein Gesinde.
In diese unmeßbare Welt der Dummheit
Reicht keine Waffe der Vernunft; ihn selbst
Muß ich einschließen, und er darf nicht fußen,
Wo ich ihn nicht erreichen kann und fassen;
Der Sieg ist mein, bin seiner ich versichert.

Pietro.
Und doch, Gebieter, darf ich dran erinnern,
Wie manchen Sieg Ihr Euer nennt, wie viel
Ihr selbst gethan, und mir zu thun vergönnt,
Das keine Spanne Raums und keine Stunde
Einschließt, weil für die Zukunft es gethan ist,
Das siegen muß, weil's wahr und recht gewesen!

Friedrich.
Wahr sprichst du! wer die Geister überzeugt,
Der hat die Welt der Zukunft sich gesichert,
Und wird sie nehmen heute oder morgen.

Pietro.
Nur die Lombarden?!

Friedrich.
Sind verwöhnte Städte,
Die um die Freiheit wie um eine Summe
Sich schlagen, die man einstreicht und verschließt.
Der fremden wie der eig'nen Kraft sich freuen,
Und hin und wieder leiten alle Säfte,
Das ist die Freiheit; doch von der versteh'n
Die Städte der Lombarden ewig Nichts.
Sie fallen sich wie Wölfe in's Gebiet
Und eine nährt sich von der andern Leiche.
Jetzt stehen sie zusammen wider mich. —
Tragt nur die Fahne, drauf ihr Freiheit schriebet!
O ich erleb' es noch, wie diese Freiheit
Sich endet, denn ich sehe, welche Hände
Das Wasser trüben, euch in's Garn zu locken,
Das euch zu Rom der große Angler strickte.
Was nicht des Kaisers beste Kraft vermocht,
Ihr Unglück zwingt dem Kaiser die Lombarden.

Pietro (die Hand auf der Brust).
Darf ich der Majestät auch diese Kraft,
Der sie so oft vertraut, auf's neue bieten?

Friedrich.
Du weißt, Pietro, stets das Schwierigste
Vertrau' ich dir; du bist mein andres Theil;
Was jeder von uns beiden thut, es ist
Als wie gehandelt aus des Andern Seele;
Und du stehst neben mir, bist mitgemeint,
Wenn ich mein höchstes Herrscherziel erflogen!

Stephano (der eintritt).
Die Prinzen harren Eurer Majestät. (ab.)
Friedrich (im Abgehen).
Und schöner als die Siegespalme selbst
Find' ich das Ringen um die Siegespalme!
(Rambold kommt von der andern Seite:)

Sechster Auftritt.

Pietro. Rambold.

Rambold.
Ich bringe zwei gebundne Bettelmönche,
Die wir gefangen auf dem Weg nach Deutschland.
Und dieses Schreiben, das sie bei sich führten —
Der deutsche Ritter, welcher in den Pässen
Am Bernhard kaiserliche Grenzwacht hält,
Hieß es zu Hof mich bringen sammt den Mönchen.
Pietro
(eröffnet das Schreiben und liest abgebrochen für sich).
Wir Innocenz der vierte, den getreuen
Wahlfürsten Deutschlands: — — König Konrad ist —
Verworfen! — Einen Andern wählt! — Auch ihm,
Der sich den Kaiser nennt, reift Gottes Rache! —
(Rasch abbrechend zu sich.)
Wie? so weit schon! Das ist zu viel, bei'm Himmel! —
Den eig'nen Sohn des Kaisers abzusetzen?! —
Und wird's nicht heißen, daß ich's mit verschuldet,
Der ich Erleicht'rung diesen Mönchen schuf? —
Der Mißtritt sei geheilt, sogleich und ganz!

Das soll der Papst sich niemals unterfangen,
Niemals! —
(Zu Rambold.)
Die Mönche sind von jenen schlauen
Irrlehrern wieder; setzt sie fest gefangen.
Die Nachricht will ich selbst dem Kaiser bringen.
(Für sich bei Seite.)
Sollt' ich's erröthend vor ihm eingesteh'n:
Ich hab' geirrt, mein kaiserlicher Herr!
Dem Hohn der Neider diese Blöße zeigen? —
Nein, wenn es abgewandt, soll er erfahren
Was ihm gedrohet und wie viel die Kraft
Der Hand werth ist, die ihm Pietro lieh! —
Jetzt den Protest an Innocenz! er wisse,
Daß man der Pfaffen Winkelzüge kennt!
(Laut zu Rambold.)
Dem deutschen Ritter sage guten Dank.
(Geht ab zur Seite, indem er Rambold verabschiedend winkt. Als dieser nach der andern Seite abgeht, begegnet ihm Beppa.)

Siebenter Auftritt.

Rambold. Beppa.

Beppa.

Ei guten Tag, Signor! auch einmal wieder?
Man hat von Ihm kein Sterbenswort gehört,
Seit Er am Pomeranzenfeste mich
Zum Tanz geführt und zu der Beppa sprach,
Er nehme sie zur Frau gleich nach dem Krieg.
Schon zweimal wurde Friede; doch ich mein',
Der Rambold der gibt ewig kein Pardon.

Rambold.
Pardon?! zum Donner, Beppa, merkt man Nichts?
Pardon?!
(An seine Haube deutend.)
Und meine Haube steht auf Sturm!
Nix von Pardon und nix von Hochzeitmachen!
Jetzt gibt es kein Geschäft für Frauensleute.
(Sie von oben bis unten figirend.)
Was ward man denn, daß man so spitzig thut?
Beppa
(beide Hände in die Seiten stemmend).
Gehilfin bei der Hofwaschbleicherei!
(Ihn mit den Augen messend.)
Und man? — Daß jetzt so hoch die Nase steht?
Rambold (die Hände stemmend).
Corporal ward man beim Grenzcorps in den Alpen,
Das Murmelthiere und Spione fangt.
Beppa.
Wann fangt Er mich denn einmal, Corporal?
Rambold.
Wann all das Pack zu todt geschlagen ist,
Das Friedrich, unsrem Herrn, die Beine stellt!
Addio!
Beppa (spottend).
's ist ein gar zu lieber Mensch!
Addio! ohne Kuß und Händedruck?
Pressirt's Ihm so?
Rambold (abgehend).
Zum Frieden, ja!
Beppa (ihm nacheilend).
Daß man
Die Bärenbeißer doch nicht lassen kann!

Achter Auftritt.

Der das Zimmer abschließende Vorhang wird gerückt. Ein großer Saal.

Friedrich, neben ihm Manfred, Enzio; kaiserliches Gefolge.

Friedrich.
Ja, meine Söhne, heiße Tage sind's,
Die ihr in eures Vaters Dienste lebet.
Der Krieg wirft euch von einer Stadt zur andern,
Und hat zu Männern euch gehärtet, eh
Der Jugend froher Becher ausgeschäumt.
Früh mußt' euch eure schöne Mutter schon
Entbehren lernen, so wie ich mich selbst
An ihrem Anblick selten darf erfreuen.
Es ist derselbe Eine, der's an ihr,
An euch und mir verschuldet, daß die Staufen
Dem Hader leben, statt dem schönen Frieden.

Manfred.
Und doch, mein Vater, mitten unter Waffen
Erblüh'n den Staufen goldner Liebe Rosen.

Enzio (zum Kaiser).
Kein edler Schicksal kenn' ich, als mit dir
Dem Erbfeind deiner Krone zu beweisen,
Die Staufenhoheit sei so klar und stark,
Daß sie mit keiner andern braucht zu theilen.

Friedrich.
Wie stärkt mich euer Anblick, schöne Helden!
So blüh'n dir keine Blumen, Innocenz.

(Pietro kommt, gleich nach ihm Hermann; dieser mit eiliger Hast.)

Neunter Auftritt.

Vorige. Pietro. Hermann von Salza.

Hermann.
Vergebt, Gebieter, Eures Dieners Hast! —
Der Papst entfloh!
(Allgemeine Ueberraschung.)
Friedrich.
Entfloh?
Pietro (für sich).
So war's gemeint?
Pietro, jetzt ist Eile dir vonnöthen!
Hermann.
Die Nacht vor'm Petersfest, als alle Straßen
Von Pilgern wimmelten, ritt er verkleidet
Zum Meere, wo der Genueser Schiffe
Des Flüchtlings harrten, und in ihre Stadt
Ist er mit Hosianna eingezogen.
Doch Eure Wachen, Eure Schiffe haben
Den päpstlichen Betrug zu spät erkannt.
Friedrich.
Nach Genua, seiner Vaterstadt! wo man
In Gold und Silber unsern Herrgott umsetzt,
Wo Recht und Scham für Gold und Silber feil!
Das ist des Unheils Anfang! — nun Pietro,
Ob wohl der Friede so den Einzug hält?
Pietro.
Gebrochen ist er unerhört, Gebieter!
Hermann (gibt dem Kaiser ein Schreiben).
Und dieses Schreiben an den Kaiser brängte

Ein Mönch mir auf im Thore des Pallasts,
Und eh ich mir's versah, war er verschwunden.
                    Friedrich
            (nachdem er gelesen, innerlichst erregt).
Das war sein Näherkommen?! — nun ist alle
Versöhnung todt! — Entflohen nach Lyon!
                (Große Bestürzung.)
Und ein Concil hat er aus England, Frankreich
Und Deutschland hinberufen, das mit ihm
Den Streit entscheide zwischen Papst und Kaiser;
Der Cardinal Capoccio soll es leiten,
Dieweil er selber krank darniederliege.
                    Pietro.
Capoccio, Euer alter Widersacher!
Er weiß sich seine Leute gut zu wählen —
                    Friedrich.
Mir will er gnädigst gönnen, daß auch ich
Zur Wahrung kaiserlicher Rechte diese
Geheiligte Zusammenkunft beschicke.
                (Murren des Unwillens.)
O zähmt nur eure Wuth und laßt die Röthe
Des Zorns zur Blässe scheuer Furcht gerinnen,
Wo solcher Trug die Scham mit Füßen tritt. —
Dort sei er sicher vor des Voglers Stricken,
So schreibt er, dort werd' ich die Cardinäle
Nicht fahen; dorthin werden sie gelangen.
            (Macht nachsinnend einige Schritte.)
Sie werden, ja! jetzt kann ich's dort nicht hindern,
Denn hier zu Lande gährt der alte Haber.
Du hast dir schlau gebettet, Innocenz;
Dein Reich ist da, wo dir die Blindheit fröhnt,
Doch mein Gebiet, wo ich mich selbst besitze.

Nun gilt es, uns zu trennen, meine Söhne.
Manfred verstärkt Turin, und Enzio
Die Plätze zwischen Mantua und Parma;
Ich selbst nehm' in Grosseto meinen Hof,
Um Tuscien den Feinden zu entleiden.
Erst diesen Boden säubern, um mit sich'rem
Empfang den Friedensstörer zu umarmen!
Manfred (ihm die Hand reichend).
Mein Blut für dich! und laß mich Zeugniß geben,
Daß ob dem Klang des Minneliebs die Staufen
Den Schwung des Ritterschwertes nicht verlernen.
Enzio.
Und Deutsch und Welsch soll willig anerkennen,
Die blonde Locke sei die echte Farbe.
Friedrich.
Bei eurer Mutter nehmen wir den Abschied.
Enzio.
Da kommt sie eben, ihn von uns zu nehmen.
Manfred.
Und einen Engel führt sie an der Seite.
(Bianca kommt mit Heliodora.)

Zehnter Auftritt.

Vorige. Bianca. Heliodora.

Bianca.
Verzeiht der Sorge, die sich zu Euch drängt;
Des Kaisers Wagen rüsten sich zum Aufbruch!
Und ängstig Treiben drängt sich durch die Stadt.

Friedrich.

Wann kommt die Zeit, Bianca, da uns nimmer
Der Zank den Frieden schöner Liebe stört,
Deß Ihr so werth, deß ich so heiß begehre!
Schon ruft mich's wieder ferne sammt den Söhnen!
Der alte Feind ist's, der auf's neue droht.

Bianca.

Seid, wo Ihr seid, Bianca ist bei Euch
Und bittet, daß sie denken darf, der Kaiser,
Der wie Allgegenwart sein Reich umfaßt,
Er schließt sie ein im Herzen seines Herzens.

Friedrich.

Solch goldner Frauen Treue danken wir's,
Daß wir's ertragen, wenn die Männerpflicht
Hinaus uns treibt in's wüste rauhe Leben.

Manfred.

Denn Sterne sind's, die wie der Himmelspol
Die Heimat unsers Glücks uns ewig weisen,
Und dieser Stern
(auf Hellodora)
Ist Manfred aufgegangen.

Hellodora.

Wie schlug mein Herz, als nach dem Sängerkampfe
Dich das Gericht als Sieger rief! — Und nun
Wie schlägt's, da du zu andrem Kampfe ziehst!

Manfred.

Schwert oder Harfe, Liebe oder Krieg!
Des Mannes Einz'ges ist ein ewig Können
Und Jeglichen in Jeglichem besiegen.

Hellodora (glücklich).

Die Frau'n des Hofs bedeckten dich mit Kränzen;

Den meinen aber trugst du um die Schläfen
Und Heliodora drücktest du die Hand.
Manfred.
In Einem, Seele, ist's die gleiche Wonne,
Besiegt zu werden oder zu besiegen,
Und Götter sind wir gebend wie empfangend.
Heliodora.
Auf Lebenszeit hast du mein Loos entschieden
Und Manfreds Schicksal wird das meine sein!
Manfred (Heliodora's Hand haltend).
Nach jedem Siege seh' ich solche Blumen
Dem Bruder blüh'n — wird nie sein Herz entscheiden?
Enzio.
Der Lorbeer macht bis heute mich erröthen;
Erkämpft' ich erst den Sieg, der mir genügt,
Dann soll die Schönste mir die Kränze flechten.
Bianca.
Die Beste sei's, die Sieg und Niederlage
Mit dir will theilen, lieber Sohn, und niemals
Dich nach dem Glanze liebt, in dem du stehst.
Friedrich.
Wenn so die guten Genien uns rufen,
Das ist der Klang, der uns zum Siege läutet.
(Seine, der beiden Frauen und der Söhne Hände in einander legend.)
So ward ein Kampf wohl selten angefangen —
Der schönste Kriegsgott ist es, dem wir dienen! —
Geht, meine Söhne, mit den Frau'n, ich folge;
Sie sollen uns das Schwert zum Streite gürten.
(Bianca, Heliodora, Manfred, Enzio ab.)

Elfter Auftritt.

Vorige ohne Bianca, Heliodora, Manfred, Enzio.

Friedrich.
Und deine treuen Dienste, Ordensmeister,
Leih sie mir wieder. Zieh nach Frankreich, Deutschland,
Bestärke die Getreuen deines Kaisers,
Bring' meinen Zorn und Schrecken den Empörern.
Du wirst im Vorsaal meiner Vollmacht harren.
(Hermann ab.)
Doch auch der Papst soll meine Stimme hören
Mit seinen Creaturen, und die Welt
Soll wissen, daß mein Recht noch lebt, daß Friedrich
Es strafend holen wird zu rechter Zeit.
Den Oberrichter hab' ich ausersehen!
Das Kaisers Anwalt in Lyon zu sein.

Pietro *(betroffen für sich).*
Thaddäus? wieder! diesen Lästigen!
(Laut.)
Lebt Euch ein treu'rer Diener als Pietro?

Friedrich.
Thaddäus ist's wie du; und stand er nicht
Jetzt eben tüchtig neben dir zu Rom?
Was soll ihn diesmal hindern?

Pietro.
         Allzu heftig
Sprach er für Euch und hinderte den Frieden.

Friedrich.
Ich möchte deines Raths nicht gern entbehren;
Du solltest um mich sein zu solcher Zeit,
Und sparen will ich dich für's Aeußerste.

Pietro.

Mir laßt die Ehre, meinen Herrn zu retten!

Friedrich.

Wär' es denn so weit, daß du zittern müßtest
Für deinen Herrn? Ich hege andre Hoffnung.

Pietro.

Ich will dem Feind mich ganz entgegenwerfen
Und alle Thatkraft in die Schranken rufen.

Friedrich.

Wenn du's denn willst, so ziehe du. Thaddäus
Dient mir im Feld so tapfer als im Rath. —
Doch Viel, Viel leg' ich jetzt in deine Hände!

(Mit gehobener Stimme.)

Noch starb die Wahrheit nicht! — und Friedrich lebt!
Vor Papst und Cardinälen wirst du sprechen:
Mein Herr weiß! was ein Papst hat zu bedeuten
Und weiß, was er den Völkern könnte sein.
Der dritte Innocenz und Alexander,
Der siebte Gregor waren große Männer
Und haben eine Welt des Geists bewegt.
Doch dieser Innocenz, kalt wie der Tod,
Von keiner Liebe Sonnenblick erheitert,
Beseelt von keiner menschlichen Empfindung,
Ist nur geschaffen, Alles außer ihm
Mit jedem Mittel fühllos zu erwürgen! —
Wär er der Kaiser, ich auf Petri Stuhl,
Dann wär's der Papst, den man verderben müßte,
Denn in der Seele dieses Mannes steht
Vom Worte Menschenrecht nicht eine Silbe.
Wohlan denn! in des Kaisers Rechnung stand
Jedwedes Große einbedacht, auch du,

Wenn du an ihm sein Großes wolltest ehren;
Und größer nur durch zwei gewaltige
Naturen wär' der Geisterschauplatz worden. —
Du willst es nicht — so sei es um die Wette,
Wer seinen Gegner übermannt! — ein Staufe
Verliert den Kampfplatz nur mit seinem Leben.

(Indem er abgeht, spricht)

Pietro (für sich).

Es ist am Aeußersten. Der Feind begann
Dem Kaiser nach dem Herzen schon zu greifen.
Nun gilt's zu zeigen, wer den Donnerstreich
Von seinem stolzen Haupte abgeleitet.

(Indem er abgeht, fällt der Vorhang.)

Zweiter Aufzug.

Inneres der Cathedrale zu Lyon. Viele Sitze sind um einen erhöhten, mit Purpur behangenen Stuhl aufgestellt. Eine Nebenkapelle, deren Inneres sichtbar, öffnet sich unmittelbar in das Hauptschiff.

Erster Auftritt.

Bojolus. Jacopo (im Hauptschiff).

Bojolus.
Sind gar ein hinterlistig Volk, die Deutschen;
Du thatest wohl, daß du vom Kaiser giengst.
Jacopo.
Einst war ich mit ihm auf dem Hohenstaufen.
Da zog ich mit den Knechten aus zum Jagen;
Und Volk vom Thal der Fils trieb uns das Wild.
Ein linder Abend kam. Ich sprach: da habet
Ihr doch ein gutes Land, ihr deutschen Bären.
„Wie unser Land so sind wir selbst!" rief Einer,
„Doch jetzt, ihr Herren, habt ihr Zeit zur Heimkehr."
Nacht ward's, wie Berge zog's am Himmel auf
Und Blitz und Donner spie die Finsterniß.

Zerbrochne Aeste, Felsenstücke flogen
An uns vorbei. Wo sind wir denn? frag' ich.
„Das ist ein deutsch Gewitter," sprach der Bauer; —
„Doch wo wir sind? Vor'm Schlosse Staufeneck;
Der Rothbart hat's gebaut; sein Geist geht um,
Sein Fuß ist's, der die Steine niederwettert;
Hört ihr, er reitet eben durch die Wolken
Gen Welschland, daß ihr seinen Fußtritt dort
Und seiner Bären Tatze nicht vergesset."
So schmält' er lachend, und die andern schwangen
Als wie zur Kurzweil' ihre eich'nen Keulen.
Drauf wie ein Rudel Hirsche schwanden sie
Und ließen in der Finsterniß uns stehen.

Bojolus.
So sind die Deutschen alle.

(Geheim.)
Kannst du schweigen?
Der Kaiser selbst! was Beßres er empfieng,
Ist von der welschen Mutter; doch was hilft's?
Hat er die Gier nicht vom Tyrannen Vater?
Des sechsten Heinrichs Zeiten bringt er wieder,
Wie jener höhnend Alles zu verschlingen.
Sieh her, ein Auge hab' ich nur; das andre
Stach mir ein Folterknecht des Kaisers aus,
Weil ich das Recht der Kirche treu gepredigt:
Ist man sein Todfeind nicht, man muß es werden!

Jacopo.
Doch hört' ich oft, er sei ein weiser Mensch.

Bojolus.
So weise wie der Teufel! — o Madonna!
Verderben muß man ihn! weißt du, was jener

Dominikaner sprach? — Doch nein! der Papst,
Er hat ihn schon verworfen und verflucht,
Und jeder Zweig der Waiblinger verderbe!
(Der Cardinal-Legat tritt von außen in die Seitencapelle. Jacopo zieht
sich in den Hintergrund der Kirche zurück.)

Zweiter Auftritt.

Legat in der Seitenkapelle. Bojolus stellt sich vor dem Ausgang
derselben in das Hauptschiff auf.

Legat (zu sich).

Heut muß es sein! — Pietro in Lyon!
Die Frist ist um, und keine Stunde drüber
Vergönn' ich ihm; — beschlossen ist beschlossen.
Wenn ich nicht so gewinne, bin ich sicher,
Daß ich auf jede andre Art verliere.
(Ein Schreiben entfaltend zu Bojolus.)
Ein Schreiben von Pietro, das er seiner
Ankunft vorausgesendet! Lies es vor;
(Höhnisch.)
Es ist so schön, man kann es zehnmal hören.

Bojolus (liest).

„An Innocenz des vierten Heiligkeit!
(Mit verächtlichem Ton.)
So haben es die Weisen aller Zeit
Gehalten zwischen Thron und Kirche; — so
Pietro auch, der Tag' und Nächte sann,
Gerecht zu sein der Kirche wie dem Thron.

Legat (lustig).

Wie schön! Denn auch Pietro ist ein Weiser!

Bojolus (liest weiter).
"Ein Reich ist wie das Leben eines Menschen.
Sein Haus ist wohl bestellt, wenn sein Gewissen
Mit seinem Thun in gutem Frieden steht.
Nun acht' ich, ist des Reiches Schwert die That,
Darin sich ausgebiert des Herrschers Wille.
Doch ihm als mahnendes Geleite ward
Die Kirche, sein Gewissen, beigegeben,
Die er bewacht mit seines Schwertes Kraft.
Legat.
Ja, ihr's bei guter Zeit in's Herz zu stoßen!
Bojolus (liest weiter).
"Doch wenn das Reich nun so zur Kirche spräche:
Ich thue nur nach meinen Lüsten! oder
Es forderte die Kirche, unnatürlich
Sich überhebend, was des Staates ist, —
Legat (schnell).
Nichts ist des Staats, was nicht der Kirche wäre;
Sie ist der Geist, und Nichts ist unnatürlich,
Was an dem Leib des Geistes Herrschaft thut.
Bojolus (liest weiter).
"Dann bricht der Ehezwiste schlimmster los,
Eins sucht des Andern Unheil, jedes schleppt,
Sein eigner Götze, wie ein Geist der Wüste
Ein selbstverzehrend Dasein durch die Welt. —
(Mit gehobener Stimme.)
Und diesen Zwist gestiftet hat die Kirche,
Die einen deutschen König wählen hieß. —
Die Mönche, die sie sandte, sind gefangen. —
Steht ab von diesem Plane, Heiligkeit,
Er könnte leichtlich Euer Dasein kosten!

Legat.
O holde, süße Weisheit Salomos!
               Bojolus (liest weiter).
„Für Friedrich, meinen Herrn, verbürg' ich mich,
Er gibt der Kirche, was der Kirche ist,
Und müßt' ich selbst ihn zwingen, ich, sein Diener! —
Verbürge mir der Papst des Kaisers Rechte,
Sonst werden seine Heere Rom belagern,
Und wüßten auch zu Euch den Weg zu finden!"
               Legat (lacht laut).
Was Rom! Die halbe Erde meinetwegen,
Sind wir auf dieser halben Erde nicht.
Was hilft ihm Rom, wenn er den Papst nicht hat?
Der Aar ist ausgeflogen — und wir sorgen,
Daß uns der Jäger hieher nicht verfolge.
               (Wiederholend.)
„Für Friedrich, meinen Herrn, verbürg' ich mich,
Und müßt' ich selbst ihn zwingen!" — So, Pietro! -
Den Kaiser willst du zwingen, du Verräther?
Darfst andern Sinn verfolgen als dein Herr?! —
Der Unsre mußt du werden, und du bist's!
Wer gab dir die Vermittlerrolle ein?
Dein Stolz, dich beiden Theilen unentbehrlich
Zu zeigen. Diesen Stolz wird man erkaufen,
Und dein Gebieter soll die Rechnung zahlen. —
Mit diesem Briefe wuchre, Bojolus!
„Die Mönche sind gefangen?" — Sei's! Nun sendet
Den Bischof Philipp von Ferrara man
Auf andrem Weg dem Rheine zu. Wir wollen
Dem Königlein von Deutschland anderswo
Als in den Alpenpässen Arbeit geben.

„Es könnte leichtlich Euer Dasein kosten!"
Das wissen wir, und eben drum darf er
Nicht einen Augenblick zum Dasein kommen.
Du hörtest, Bojolus. Nun mach' dich auf,
Der Ketzer obersten zu todt zu hetzen.
Der Athemzug, den er in Ruh' genießt,
Ist an der Kirche Leben abgestohlen.
Bohr' dich ins tiefste Herz Italiens.
Preß' unsre Genueser Vettern erst
Um Geld und wieder Geld! es kostet viel
Das Oberhaupt der Christenheit zu sein.
Schür' die Lombarden, die wie Hund und Katze
Sich sonst im Haare liegen, gegen ihn;
Und liegt er hier im Hader, hetz' die Garde
Der Bettelmönche nach Apulien,
Daß sie wie Maulwurf oder Lämmergeier
Ihn unterhöhlen, oder über ihm
Um Rache schrei'n am Leichnam jener Mönche,
Die er verbrannt, verstümmelt und gekreuzigt.
Dräng' dich an's Ehbett, stiehl das Herz der Frauen
Den Männern weg, die an dem Kaiser hängen.
                    Bojolus.
Wenn er nicht selbst sie schon gestohlen hat,
Der, wie die ganze Welt, auch die der Weiber
Verbunden zur Tributpflicht gegen ihn.
                    Legat.
Verheiße Fürstenehre und versprich
Zum Leh'n den Rittern, was sie ihm entreißen.
Und wo's im Arsenale deiner Mittel
Flau werden will, laß unsern besten Freund,

Das Blutgespenst des Fanatismus los.
Sei Lamm, sei Wolf, sei Spürhund, wie du's brauchst,
Und fruchtet nicht des Aufruhrs fressend Feuer —
Bojolus (einfallend).
So sei es — die Verschwörung, sei's — der Mord!
Legat.
Nun eile, Bojolus!
Bojolus.
Ich küsse meines
Gebieters heiliges Gewand und schwöre,
Der Tropfen Blutes soll in mir verdorren,
Der nicht zu Gift für den Verdammten wird!
Bald send' ich gute Nachricht. (Geht ab.)
Legat.
Unterdessen
Geht hier die Hetze los; — die Treiber kommen.
(Englischer Bischof tritt von außen in die Capelle.)

Dritter Auftritt.

Legat. Englischer Bischof.

Legat.
Ihr kommt? Ich dank' Euch, gottgeliebter Bruder.
Wie steht es mit dem englischen Gesandten?
Beharrt er auf der dringenden Beschwerde?
Bischof.
Er thut es, Eminenz, und will mit Zahlen
Beweisen, daß die Summen unerhört, —

Legat (schnell).

Mag sein, ich weiß nicht, hab' sie nie gezählt;
Nur weiß ich, daß es stets zu wenig war.

Bischof.

Doch die Erpressungen! — das Land verarmt.

Legat.

Verarmt? Ihr macht mich lachen. Seht auf mich,
Welch Kleid ich trage; dann fühlt Eures an,
Strotzt nicht von Gold das köstliche Gewebe? —
O England, England ist der Garten unsers
Vergnügens! Wo viel ist, kann man viel nehmen. —
Verschafft uns auch von diesen Stoffen, Bruder!
Schweigt von Verarmung; ist nicht Alles denn,
Was man der Kirche thut, auch Euch gethan?
Gewinnt uns Eure englischen Collegen,
Den Mann zu stürzen, der die Welt verwirrt,
Das endigt jede Klage und Beschwerniß.

Bischof.

Ich strauchle ob dem Punkt.

Legat (nachdrücklich).

Ihr strauchelt nicht,
Denn mit dem Bischof wankt der Bischofsstuhl!

(Die Cathedrale füllt sich mit französischen und englischen Geistlichen. Der französische und englische Gesandte kommen mit Pietro; sie nehmen links von dem erhöhten Stuhl ihre Plätze.)

Legat
(den englischen Bischof verabschiedend, welcher unter den übrigen Geistlichen seinen Sitz nimmt.)

Die Zeit ist reif zu einer großen That!

Die Axt an dich! — verdorre, Hohenstaufen,
Du stolz Gewächs! — was hinderst du das Land?!
(Er tritt in das Schiff der Cathedrale. Bei seinem Kommen erheben sich
alle Versammelten. Er besteigt den erhöhten Stuhl. Zu seiner Seite zwei
Schreiber an einem Tisch.)

Vierter Auftritt.

Legat. Die vorgenannten geistlichen und weltlichen Herren. Zu
Seiten der Geistlichen brennende Kerzen.

Legat (die Arme ausbreitend).
Ich segne die geheiligte Versammlung,
Die da berufen, an des Himmels Statt
Zu richten über jede Macht der Erde!
Im Namen Seiner Heiligkeit des Papstes
Erklär' ich, sein berufener Vertreter,
Die Sitzung für eröffnet.
(Läßt sich auf seinen Stuhl nieder, ihm nach die ganze Versammlung außer
dem Bischof von Catania.)
Seit zwölf Tagen
Erharrten wir den kaiserlichen Anwalt.
Er ist erschienen; doch zuerst verleih'n wir
Dem Bischof von Catania das Wort.

Bischof von Catania.
Des heil'gen Landes Stimme ruft durch mich,
Das von der Hand der Türken tödtlich blutet.
Die Städte sind in Asch' und Staub gelegt,
Der Chowaresmier und Mameluke
Uebt Heidengräuel, wo der Herr gewandelt.
Die Ritterschaft des Kreuzes sank und keine

Hilfreiche Hand erwacht; ich schrei' um Rettung
Im Namen der bedrängten Christenheit.
        Legat.
Warum denn liegt Jerusalem im Staube?
Wo bleibt der Kaiser, daß er's nicht errettet?
Mit uns und mit Italien führt er Krieg.
Weil er die Christen haßt, verhandelt er
Des Glaubens Heiligthümer an die Heiden;
Und alles Uebels Wurzel ist der Kaiser!
       Gesandter Englands (der sich erhoben).
Spart Eure Worte, Eminenz; ich will
Euch eines andern Uebels Wurzel zeigen.
In England sind die Mönche und Legaten
Das Ungeziefer, das die Welt verderbt.
Und näher läg's, den Raupenfraß Europas
Zu tilgen, als in Syrien die Heiden.
            (Papiere emporhaltend.)
Hier ist die Chronik, die Euch weisen soll,
Daß sechzigtausend Mark an Silber jährlich
Des Papstes Sendlinge aus England schleppen.
        Legat (heftig).
Und reichen sie, die Wunden zu bedecken,
Die ihr dem Leib der Kirche schlagen lasset?
Was helft ihr uns den Einen Drachen nicht
Erwürgen, welcher alles Unheil stiftet?
Wie lang schon tagen wir in dieser Stadt,
Und noch ist nicht Gericht ob ihm gehalten!
Erst zu dem Wichtigsten! — dann Euren Punkt;
Wir haben keine Zeit zu Bagatellen.
        Gesandter.
Dann freilich muß ich meinen König fragen,

Wozu er mich hiehergesandt. —
(Will sich entfernen; wird von Pietro und dem englischen Bischof zurück-
gehalten.)
Doch ja,
Das „Wichtigste" zuvor muß ich erfahren.
Pietro (der sich erhoben).
Wer auf der ganzen Welt, Legat, gab Euch
Das Recht, von meinem Kaiser so zu reden?
Nun ist an mir das Wort, und ich will's nehmen!
Hier meine Vollmacht mit der goldnen Bulle,
(sie emporhaltend)
Enthaltend die Verheißungen, die Friedrich
Von je gegeben für das Recht der Kirche,
Sammt allen Forderungen seines Rechts.
Legat.
Wer bürgt uns, daß er seine Schwüre hält?
Pietro.
Die Könige von Frankreich und von England.
Legat.
Ich will sie nicht! — So hätten wir statt eines
Drei Feinde, und die mächtigsten der Erde.
Pietro.
Und ich, ich protestire gegen diese
Parteiische Synode, die der Papst
Zusammenzog aus seinen Helfershelfern,
Und appellire an ein allgemein
Concil, darin Europa sei vertreten.
(Murren unter den Geistlichen.)
Wie viele sind es aus Italien
Und Deutschland, die des Papstes Ruf gefolgt?
Legat.
Der, dem du dienst, dem Wortbruch und Verrath

Ein Kleines ist, hat sie zurückgehalten.
Doch soll uns das nicht hindern, heute schon
Gericht zu halten über dem Verworfnen.
Wir setzen Zahl und Maß! — Und ein Concil ist,
Was wir dafür erklären, nicht der Kaiser. —
Begieng er Raub nicht an dem Gut der Kirche?
####### Pietro.
Es war geraubtes Gut, drum nahm er's ihr.
####### Legat.
Und hält er ihre Diener nicht gefangen?
####### Pietro.
So lang die Kirche seine Rechte schmälert.
####### Legat.
Verbrennt die Mönche, die wir ausgesendet.
####### Pietro.
Mönch oder Ketzer, wenn sie Thorheit lehren.
####### Legat.
Gab seine Tochter einem Griechenfürsten,
Der ein erklärter Gegner unsers Glaubens.
####### Pietro.
Weil ihm der Fürst der besten einer dünkte.
####### Legat.
Und unterhält er nicht viel tausende
Von Saraceninnen in seinen Städten,
Zum Aergerniß der ganzen Christenwelt?
####### Pietro.
Weil sie das Trefflichste in seidenem
Geweb und Stickerei'n den Märkten liefern.
Doch jene Wuch'rer duldet nicht der Kaiser,
Draus man in Papsteslanden Zoll und Steuern
Als wie aus vollgesog'nen Schwämmen preßt.

Und mit dem Aergerniß, das andre Wesen
Als Saracenenfrauen in Lyon
Und Rom verbreiten — will ich Euch verschonen.
          (Stimmen des Zorns und Gelächter des Beifalls.)
                    Legat.
Verstockter Ketzer, wie der Kaiser! brauchen
Wir weiter Zeugniß über seinen Herrn?
Meineidige Verleumder seid ihr beide.
                    Pietro.
Wär' ich's und er, wir hielten Euch die Wage.
Soll er Euch sein Gelöbniß pünktlich halten,
Wenn Ihr zuvor das Eure ihm gebrochen?
Was floht ihr, da die Friedensunterhandlung
Im Gang war, wie sein ärgster Feind?
                    Legat.
                              Wir sind's!
                    Pietro.
Und riefet dieß einseitige Concil?
                    Legat.
Ihn abzusetzen! und das heute noch!
                    Pietro.
Ich Thor, der ich ein Wort verlor an Euch!
Ich Thor, der, gegen Kaisers Meinung selbst,
Der Mönchschaft freiern Wandel gab, die nun
Nach Deutschland zieht, den König abzusetzen!
          (Gegen die Versammelten, die Ueberraschung ausdrücken.)
Hier will ich seh'n, ob nicht die Scham und Ehre
Sich gegen solche Frechheit noch empören.
               Gesandter von Frankreich.
's ist unerhört!
               Gesandter von England.
          's ist Völkerrechtsverletzung!

Legat.
Wer rief Euch auf zu reden, ihr Gesandten?
Gesandter von England.
Mein König, welchen Ihr in mir beleidigt.
Gesandter von Frankreich.
Mein Land, das Euch die Antwort geben wird.
Pietro (zur Versammlung).
Bei meinem grauen Haupt beschwör' ich Euch,
Gebt Raum der Wahrheit! Erd' und Himmel blicken
Auf diesen Tag, und werden einst uns richten!
Legat (spöttisch).
Laßt seh'n, wie viele Stimmen für Euch sind.
(Der englische Bischof und der von Palermo erheben sich.)
Der Bischof von Palermo! weil er fürchtet,
Sein Kaisergötze möcht' auch ihn verschlingen.
Bischof von Palermo.
Nein, Cardinal, weil er der wahren Kirche
Und unsrer ganzen Insel wohl gethan,
Und weil es Diebstahl an der Menschheit ist,
Der Geister Großes leugnen und die Welt
Betrügen um ein Licht, das ihr gehörte.
Verdammt ihn und ihr tragt den Fluch von jedem
Unsel'gen Schritt, wozu Ihr ihn getrieben.
Verdammt auch mich; ich seh's, Ihr wollt. So viel
Das Unrecht Muth Euch gibt, mich zu verfolgen,
Gibt mir die Wahrheit Muth, Euch nicht zu fürchten.
Legat.
Ein bös Gewissen spricht so laut wie Ihr.
Ihr werdet Eure Worte wiederholen
An einem andern Ort!

Bischof von Palermo.
Vor aller Welt!
Legat (höhnend zu dem englischen Bischof, der sich erhoben).
Auch Ihr, Bischof aus England! Nun, Ihr müßt
Dem Herrn Gesandten Landsmannschaft beweisen.
Bischof von Catania.
Der Kaiser ist der Schänder unsers Glaubens,
Fürwitz und Gottversuchung seine Lust!
Zwang nicht sein Hochmuth Nicola, den Taucher,
Kundschaft zu holen von dem Grund des Meers,
Den Gott nur seinem Wissen vorbehalten,
Bis daß der Schwimmer in der Flut ertrank!
Pietro (verächtlich).
Der du der Strafe des Verräthers nur
Durch Flucht entgiengst, und jetzo den Verrath'nen,
Der deinem Neid zu groß ist, wie ein Bube
Mit Koth anwirfst, bist keiner Antwort werth.
Bischof von England.
Ich bitt' Euch, treibt's nicht weiter, Cardinal!
Legat (mit eiserner Stimme).
Zum Aeußersten! und jetzt! Meint Ihr, ich sei
Gesonnen, die hochwürdige Versammlung
Ob ein paar Widersprechern hinzuhalten? —
Kraft meines Amts erklär' ich Kaiser Friedrich —
      Gesandter Englands (ihm in's Wort fallend).
Verrath!
    Pietro.
Verrath, wie keiner noch gescheh'n!
Legat (mit gesteigerter Stimme).
Kraft meines Amts erklär' ich Kaiser Friedrich,
Den fluchbelad'nen Missethäter, aller

Gemeinschaft mit den Gläubigen verlustig,
Verlustig seiner Kronen, seiner Länder,
Die Unterthanen ihres Eides ledig,
Die deutschen Fürsten für verpflichtet und
Befugt zu einer neuen Königswahl,
Sicilien, des heil'gen Petrus Erbe,
Für ein der Kirche heimgefall'nes Lehen,
Und (mit lautester Stimme) Friedrichs Freunde und Verbündete
Dem gleichen Fluch des Banns wie ihn verfallen!
Pietro.
Wär's dieser Ort nicht, den ich besser ehre
Als du, den Handschuh wärf' ich vor dich hin.
Legat.
Hau in die Lüfte, wirst du sie verwunden?
Wirf nach den Sternen, achten sie darauf? —
Doch einst vielleicht erblickst du deinen Götzen
Mit andrem Aug' als heut und bist belehrt.
Pietro.
Der Satan wird sich freu'n ob diesem Tag
Und jauchzen das Geschlecht der Finsterniß.
Doch jubelt nicht! Er naht sich, der die Fackel
Wie jener Gott am Himmel angezündet,
Und dann — Verderben über eure Häupter!
Gesandter Englands.
Kommt, schütteln wir den Staub vom Fuß!
Gesandter Frankreichs.
      Und sagen's
Der Welt, wie hier das Unrecht Haus gehalten!
Bischof von Palermo.
Kein Mann der Wahrheit möchte Theil daran!
Gott helf' Sicilien!

Bischof von England.
Und seinem König!
(Die fünf Dissentirenden entfernen sich schnell.)
Legat.
Ich that das Meinige; Gott wird vollenden.
(Singt mit erhobener Hand; die Orgel fällt rauschend ein.)
Laudamus Deum!
Die Geistlichen (erwidernd).
In aeternum, Amen!
Legat
(seine Kerze verlöschend; nach ihm die Geistlichen).
So soll der Gnade Licht ob ihm verlöschen
Und sein Gedächtniß von der Welt verschwinden!
(Indem er seine Kerze zu Boden wirft.)
So sei sein Fleisch den Vögeln auf dem Felde
Und sein Gebein den Hunden vorgeworfen!
Und keinen Theil in Zeit und Ewigkeit
Hab' an dem Heil des Himmels seine Seele!
Die Geistlichen.
Amen! Amen!
Jacopo
(im Hintergrund an einer Säule lehnend, für sich).
Das ist geflucht! So flucht kein Reitersknecht!
Legat (die Arme weit ausbreitend).
Doch also soll der heil'gen Kirche Fittig
Gebreitet sein bis an der Erde Enden!
Die Geistlichen.
Amen! Amen!
(Die Orgel fällt ein und klingt fort, bis, der Legat voran, Alle die Cathedrale verlassen haben.)

Fünfter Auftritt.

Zu Grosseto am Hofe des Kaisers. Ein Saal. Tische mit
Papieren. Treppen, die gegen hinten aufwärts in's Freie
führen. Auf diesen erscheinen

Rambold. Stephano.

Stephano.

Ein Spielchen, Deutscher, weil es mit dem Krieg
Anstehen soll, bis Nachricht von Lyon
Da ist; — ein Spielchen!

Rambold.

     Juckt mein Geld dich wieder?
Hab' keins; ich hab's vertrunken, Italiener!
Ich glaub, der Kerl thät' in der Kirche würfeln
Und karteln auf der Bahre seiner Mutter.
(Da Stephano ein Kartenspiel hervorzieht und ihn zu sich nieder auf die
Treppe nöthigt.)
Du drückst ja zu wie Michel in den Himmel! —
Vier rothe Heller will ich an dich rücken.
(Rambold stellt seinen Beutel auf die Treppe, auf der sie spielen.)

Stephano (auf den Beutel blickend, verwundert).

Vertrunken sagst du?

Rambold.

    Wär' versoffen schöner?

Stephano.

Vertrunken? — und der Beutel lauft dir über!

Rambold.

Dir Geld zu zeigen, weißt du, ist gefährlich.

Stephano (noch immer auf den Beutel schielend).

Vertrunken!

Rambold.
Trinkst ihr nicht auch, du Lump?

Stephano.
Wir trinken Wein; ihr Deutschen saufet Räusche.

Rambold
(nach den beiden Karten greifend, die Stephano einziehen will).
He, he, Kam'rad, der Stich ist mein!

Stephano.
Ah so!
(Spielen weiter.)

Rambold.
Gewonnen!

Stephano.
Freilich; aber ich!

Rambold.
So zähl'!

Stephano.
Den ganzen Beutel gilt's, ich hab' gewonnen.

Rambold.
Es gilt!

Stephano
(zählt leise, indem er die Karten rasch durchläuft).
Hier liegen siebzig! — deinen Beutel!
(Greift darnach.)

Rambold (der ihm in die Hand fällt).
Halt an!
(Durchsieht des Andern Karten.)
Du Galgennagel, sieh Herz Aß!
Hab' ich nicht mit Herz Aß dich abgetrumpft?

Stephano
(die Karten zusammenraffend und einsteckend, indem er die andere Hand
nicht von dem Beutel läßt).
Den Beutel!

Rambold.
Keinen Heller, falscher Spieler!

Stephano.
Ihr freßt uns Länder vor der Nase weg;
Wir zwacken euch den Beutel hinterm Rücken.
(Ringen mit einander.)

Rambold.
Den Beutel! oder würg' ich dich, bis dir
Aus jedem Schweißloch rothe Münzen spritzen!
(Faßt ihn am Hals; Stephano schreit und wirft den Beutel weg.)
Das ist derweil die Schuldverschreibung! — Wenn ich
Mit baaren Prügeln zahle, lautet's anders!
(Den Beutel aufhebend, indem der Andere entflieht.)
So kriegt man Ruh vor dem Spitzbubenspiel!
(Indem er abgehen will.)
Die Beppa kommt! — 's ist doch ein flackes Mädel,
Wie junger Wein, wenn man den Pfropfen zieht!
Nun faß' dich, Rambold!
(Indem Beppa eintritt.)
'S gibt schon wieder Krieg!
Soeben hab ich meinen Feind geschlagen!

Sechster Auftritt.

Rambold. Beppa.

Beppa.
Vermaledeites Spiel!

Rambold.
Das sag' ich auch;
Doch sei nur ruhig, beste Beppa, dir
Gewinn' ich nicht ein einzig Spielchen ab;
Da hast du lieber gleich den ganzen Beutel.

Beppa.

Und dich?! — Du machst dich aus dem Staub, nicht wahr?
Und ich vor aller Welt lauf' so herum,
Wie eine Wittwe, die noch nie gefreit!
Es ist ein Elend mit den Kriegsgesellen;
Kein fühlend Herz kann leben ohne sie,
Und wenn du meinst du hast sie, sind sie weg. —
Nun stehst du bei des Kaisers Leibwacht gar,
Und ich beim Schürzenchor der Weißzeuggarde —
Wenn das nicht Posten sind, darauf man freien
Und leben könnte wie im Paradies?!

(Schmeichelnd.)

Soll ich's anbringen, daß du freien darfst?

Rambold (als hätt' er Nichts gehört).

Und Krieg gibt's, sag' ich, Krieg wie Märzenhagel!
Der Kaiser und der Papst, das sind die Köpfe!
Ein Mühlstein rieb' sich eher glatt am andern. —
Siehst du, ich sag' im Stillen oft zu mir:
Wie kommt's, daß grad der Kaiser und der Papst
Muß Papst und Kaiser sein? — Zum Donner! Könnte
In ihrer Haut nicht auch ein Andrer stecken? —
Dann schlag' ich an die Brust und sage wieder:
Wie kommt's, daß grad der Rambold Rambold ist?
Könnt' in der Haut nicht auch ein Andrer stecken? —
Zum Donner, Beppa, nein, bei unsrer Brautschaft!
Der bin nur ich! und Papst und Kaiser sind
Was sie sind, nur weil ich bin, was ich bin! —
Doch sieh, weil Jeder sein will, was er ist
Und breit sich machen, stoßen sie einander,
Und drum gibt's Krieg, und daß es gibt, das freut mich,
Ein rechter Kerl hat seine Hand am Spieß!

Beppa.

Ihr Heiligen! und dachte mir's so schön,
Mit Einem von der Garde aufzuziehn,
Daß alle Straßen große Augen machten! —
Der göttlichen Geschöpfe erstes ist
Die Garde! — dann kommt lange, lange Nichts!
Sieh, wenn ich so
(ihn wie zum Spaziergang fassend)
       mit dir die Straßen gienge,
Und Jeder spräch: 's ist doch ein schönes Paar!
Das Pflaster thät' mich lüpfen wie die Damen,
Wenn mit den Rittern sie zu Hofe kommen!

Rambold.

Das kannst du ledig haben, Beppa. Komm!

Beppa.

Es paßt sich besser, nennt man's Mann und Frau; —
Wär'n wir ein Ehpaar, Alles thät uns preisen.

Rambold.

Wie man die Pferde lobt — so lang sie jung sind.

Beppa.

Vor Gott und Welt gehören wir zusammen!

Rambold.

O, so gewiß als wie die Magd zum Brunnen.
(Begütigend.)
Wann Fried' wird, Beppa, dann bekommst du ihn,
(Mit strammer Haltung.)
Den Stolzesten im Heer!
(An die Sturmhaube greifend.)
               Dann steht die Haube
Nur auf gut Wetter. — Unterdessen — hörst du,
Es galoppiren Rosse durch das Thor;

Das weist auf Krieg! schon jucken mir die Fäuste
Als wie der Gaumen, wenn er Essig riecht.
Beppa (seufzend).
Und meine Brautschaft währt in Ewigkeit! (Beide ab.)

Siebenter Auftritt.

Pandolf kommt. Später Bojolus.

Pandolf.
Bin ich zu frühe dran? die Neugier brennt mich
Zu Tode, wie Pietros Botschaft lautet.
(Tritt an einen Tisch, auf welchem Papiere ausgebreitet liegen und liest.
Nachdem er gelesen.)
Geht doch Nichts über einen deutschen Esel,
Wenn ihn die Narrheit Pflichterfüllung treibt!
Da schickt ihm sein getreuer Ordensmeister
Aus Deutschland ein Verzeichniß aller Fürsten
Und Geistlichen, die dort sich für und gegen
Die neue Königswahl entschieden haben.
Nun, nun, sie wird gelingen; ein Prälat
Zieht schwerer an der Wage, als zwei Fürsten.
(Spottend.)
Sie machen's doch dem guten Kaiser häßlich!
Auch ich! (Lachend.) Und sorgt er doch so väterlich
Für uns Lombarden, wie für seine Kinder.
Bojolus
(kommt, tief in Hut und Mantel verhüllt. Erscheint, als er den Mantel
aufschlägt und den Hut abnimmt, im Mönchskleid).
Hier gilt's, die Haut in guten Pelz zu stecken,
Von Waffen rasselt ja die ganze Gegend.

Pandolf.

Was macht ihr auch dem Kaiser so zu schaffen?
Schnell, schnell verhüll' dich wieder; dieses Kleid
Ist an dem Kaiserhof ein tödtlich Ding.

Bojolus
(Ihm ein Papier vorhaltend).

Kannst du geschrieben lesen?

Pandolf (erstaunt).
Wundermensch!

Bojolus.

Nicht wahr, wo euer Witz die Segel streicht,
Da helfen eines Mönches Bettelsprüche.

Pandolf.

Dieß ganze Netz Verschworner durch das Land?!
Auch meine Brüder Richard und Roberto?

Bojolus.

Ja wohl, um so gewisser auch du selbst!
Und sieh, wie gut dir's ward! du darfst den Aufruhr
Ganz nur geschehen lassen; weiter Nichts!

Pandolf.

Zum Henker, was? auch der sicilische
Generalkapitän Andreas von Cigala!

Bojolus (bedeutungsvoll).

Und andre Vögel noch denk' ich zu fangen!

Pandolf.

Sind allesammt des Kaisers Würdenträger,
Und steh'n auf diesem Blatt?

(Ihm auf die Schulter klopfend.)

Du bist mein Meister!

Bojolus.
Du wirst noch andre Wunder heut erfahren! —
(Hinaushorchend.)
Sie kommen schon.
Pandolf.
Verschwinde, wie du kamst.
Bojolus (tief verhüllt abgehend).
Auf Wiederseh'n beim Leichenschmaus des Staufen!
Pandolf (ihm nachsehend).
Ein Pfaff' ist häßlicher als sieben Teufel,
Wenn ihn die Rachbegier zum Scheusal macht,
Und Mühe kostet's, wieder herzustellen
Das Bild, das edle Priester hinterließen. —
Jetzt könnt' ich einen Kaiser retten. — Soll ich
Ihn retten, der die Städte der Lombarden
Verheert wie seine Väter, die Tyrannen,
Und, was selbst diese nicht gethan — die Großen
Des Reichs herabsetzt zum gemeinen Bürger!
Nein! auch der letzte Tropfen fremden Bluts
Muß aus Italien, soll Italien blühen!

Achter Auftritt.

Friedrich, umgeben von seinem Hofstaat, kommt in lebhaftem Gespräch mit **Pietro. Pandolf.**

Friedrich.
Mich abgesetzt! — wohin vergaßen sich
In Hochmuth und Verblendung diese Priester?

Pietro.

Ihr selbst nur, hoher Herr, und Eure Waffen,
Sammt treuen Freunden sind Euch noch geblieben;
Das Andre Alles, wenn ein Papst es kann,
Hat zu Lyon die Kirche Euch entrissen.
(Staunen und Schrecken in des Kaisers Umgebung.)

Friedrich.

Und meines Kanzlers Worte wirkten Nichts?

Pietro.

Nichts, Majestät, so laut ich es verkündigt,
Wie Ihr Euch binden wollt an Eure Schwüre.

Friedrich.

Den Menschen muß man nicht zu viel verheißen.

Pietro.

Englands und Frankreichs Bürgschaft abgewiesen,
Der Bann erneuert, aller Reiche Kronen
Euch abgesprochen, alle Unterthanen
Der Pflichten ledig, die sie Euch geschuldet,
Und wer Euch anhängt, wie Ihr selbst verflucht!

Friedrich (durch den Ausgang rufend).

Bringt meine Kronen her, ihr Edelknaben!
(Zu den Anwesenden.)

O nun hab' ich gesiegt, und meine Lage
Hat er verbessert, denn nun weiß die Welt,
Was ihr von seinem Regimente blüht.
Ich aber kann die Waffen frei erheben
Und Haß und Krieg beginne sein Geschäft! —
Mir meine Kronen nehmen!
(Sieben Edelknaben bringen sieben Kronen auf sammtnen Kissen.)
 Laßt doch sehen,
Ob ich noch Herr von meinen Kronen bin!
(Die Edelknaben treten vor ihn.)

Die! die! und die! und alle sind noch mein!
(Kleine Pause, in der er sie betrachtet; alsdann rasch.)
Fort mit dem Pomp, ich brauche seiner nicht!
(Edelknaben gehen mit den Kronen.)
Und wären alle in das Meer versunken,
Die Krone fühl' ich ob dem Haupt, die mir
Der Geist in seiner Kraft hat aufgedrückt,
Der König ist und Herrscher, weil er ist! —
Nun saget mir, ob ich noch Kaiser bin!
In meinen Waffen, sprachest du, Pietro,
Und in mir selbst bin ich noch mein! Fürwahr,
Was Fürsten sind, ist ihr, nicht was sie erben. —
Setzt euch, ihr Secretäre, schreibt des Kaisers
Vermächtniß:
(Zwei Secretäre nehmen Platz.)
An die Fürsten und die Völker.
Wohl ward euch schon die Nachricht, daß den Kaiser
Der Stellvertreter Christi abgesetzt,
Daß ich die Waffen wider ihn erhebe.
Doch nicht um mich; um euretwillen red' ich.
Wo bleiben eure Rechte, wenn die meinen
So frech und schamlos in den Staub getreten?
Zusehen wollt ihr, wenn die Feuersbrünste
Rings um den Erdball schon zusammenschlagen,
Ob sie wohl euer Häuslein nicht verschonen?
Erhebt euch und erkennet jetzt, wie wahr
Der Kaiser sprach, wenn vor dem Uebermuth
Und Trotz der Römlinge er euch gewarnt.
Zerbrecht das Joch, und schüttelt ab die Last,
Womit euch des Tyrannen Habsucht preßt,
Und werft ihm seinen Bannfluch vor die Füße.
Folgt eurem Kaiser, der voran euch geht,

Und mit den Waffen, die die Finsterniß
Ihm aufgenöthigt, sei sie selbst erschlagen!
(Tritt an den Tisch und reicht Pietro das Schreiben des Ordensmeisters.)
Sieh hier, wie Feuer läuft des Feindes Gift.
     Pietro (nachdem er gelesen).
Vergebe mein Gebieter, daß ich heut
Ihm erst entdecke, was ich lange weiß.
Ihr ließt mir's gegen Eure Meinung zu,
Den Mönchen freiern Wandel zu gewähren,
Um ein versöhnend Werk dem Papst zu zeigen.
Nun wurden vorm Concile schon zwei Mönche
Gefesselt eingebracht, die mit des Papstes
Aufforderung zu neuer Königswahl
Gefangen worden auf dem Weg nach Deutschland.
     Friedrich.
Das wußtest du? und ich, der Kaiser nicht?
     Pietro.
Zürnt nicht, o Herr, es war mein Stolz, der mir
Einflüsterte, was ich verschulden half,
Allein zu tilgen, ohne Euer Wissen.
Dem Papste hofft' ich, wenn ich frei vor ihm
Enthüllte, was er heimlich angesponnen,
Die Waffe aus der Hand zu winden, und
Euch's zu entdecken, wenn ich ihn besiegt. —
     (Zurücktretend.)
Ich hab' verloren, meine Kraft zerbrach
An dieser Eisenstirn', ich steh' beschämt.
     Friedrich (langsam und nachdrücklich).
Es ist nicht gut, daß du mir das verschwiegst.
     Pietro.
Der Ausgang straft mich schwer genug, mein Kaiser!

Friedrich (wie oben).

Es ist nicht gut! — dein Schweigen half ihn fördern.

Pietro.

Legt mir die Buße auf, mein ganzes Herzblut
Für Euch in diesem Kampfe einzusetzen,
Wie ich es treulich zu Lyon gethan!

Friedrich
(wendet sich von ihm ab zu Pandolf).

Wie steht es mit Toskana, Fasanella?

Pandolf.

Es ist so glücklich als der Kaiser will.

Friedrich.

Die festen Plätze fand ich wohl bewehrt,
Die zu uns halten, wo ich durchgekommen.
Ich brauche Ruhe hier zu Land und Freunde,
Verläſſige! was drüben an der Rhone
Verbrecherisches gescheh'n, sei hier erstickt!
Ich denk', die That, die Innocenz gethan,
Sie öffnet auch das Auge der Lombarden,
Zu seh'n, wo Wahrheit, Freiheit ist und Recht.

(Zu den Secretären.)

Die Lehrer von den hohen Schulen zu
Neapel und Bologna sind geladen?

(Die Secretäre erheben sich verbeugend.)

Noch diesen Krontag! — und in deinem Schloſſe,
Und deine Gattin an Bianca's Seite,
Pietro! denn ein Zeugniß will ich geben,
Wen unter Allen ich den Ersten fand,
Der eine neue Zeit mir bilden half.
In dem Concil, das ich berufe, soll
Die Freiheit und Vernunft zu Rathe sitzen. —

Dann ziehst du nach Apulien; und dir
Zur Seite soll Thaddäus steh'n, dem Kaiser
Die abgesprochnen Lande zu verwalten;
Mir überlasset den Beweis der Waffen!
    Pietro (überrascht zurücktretend).
Hat zu Lyon Pietro das verdient,
Daß er sein Amt mit einem Andern theile?
    Friedrich.
Dießmal will ich auf meinem Sinn beharren!
    (Begütigend.)
Für eine Schulter wär' die Last zu schwer!
Du bleibst mir doch der einzige Pietro;
Wer sollte Friedrich und Pietro trennen?
    Pietro (abgewendet zu sich).
Und doch thust du den Riß der Trennung heut?
    Friedrich (wie für sich redend).
Dann — dieses Land beruhigt hinter mir,
Nach Frankreich — Deutschland — lange, lange Zeit!
Vielleicht ins Morgenland, zu meinen Freunden!
    (Mit erhobener Stimme.)
Doch ein Vermächtniß will ich hinterlassen,
Davon Jahrhunderte noch sagen sollen,
Wenn Friedrich todt ist: Friedrich hat gelebt!
    (Der Vorhang fällt.)

Dritter Aufzug.

Erster Auftritt.

Zu Grosseto. Pietro's Pallast. Ein Vorzimmer, durch einen Vorhang von einem großen Saal abgeschlossen.

Pietro.

„Du bleibst mir doch der einzige Pietro?" —
Und dennoch den Thaddäus mir zur Seite?
Ist das der Dank der Fürsten dieser Erde,
Und zeigt man so, wen man den Ersten fand,
Der eine neue Zeit hat bilden helfen?
So bringend ihn gebeten, vor der Welt
Mich so nicht bloß zu stellen — und vergebens!
Um jenes einz'ge Hehlen so mich strafen?
War nicht die Schuld längst vorher abverdient?
O meines Daseins Preis seh' ich zerrissen,
Den einen Preis der höchsten Mannesehre,
Und vor die Füße mir den Kopf geworfen!
        (Bojolus, tief verhüllt, tritt ein.)

Zweiter Auftritt.

Pietro. Bojolus.

Bojolus.
Ein päpstlich Schreiben an des Kaisers Kanzler.

Pietro.
An mich? von ihm? — was will der Papst von mir?
Bin ich noch Kanzler, ihm, der Reich und Kaiser,
Und der mich selbst mit Allem untergräbt?

Bojolus.
Ihr seid's, so lang Ihr wollet, und seid mehr.

Pietro
(liest, indessen der Mönch lauernde Blicke auf ihn heftet).

„Das Lehen, das der Kirche heimgefallen,
Sie theilt es an Italiens große Männer,
Und unter den verdientesten erblickt sie
Pietro! nehm' er die Statthalterschaft
Apuliens! — und sei ernannt zum Fürsten!"
(Lacht bitter.)
Selbst zum Verräther, Innocenz, meinst du
Pietro fähig? — Doch welch Niedres wäre,
Wofür den Menschen du nicht fähig hieltest?
(Weiter lesend.)
„Verlasset den gebannten Sünder!" — Pfui!
„Verlasset ihn und kommt zu uns, wie er
In seiner Unmacht donnern mag; der Donner
Ist eine hohle Fehlgeburt, wenn er
Nicht einschlägt mit den Blitzen, die er schleudert!"
Sie lockt ergötzlich, die Versucherstimme.

(Weiter lesend.)

„Wir haben die Beweise in den Händen:
Der Falsche denkt die Kraft Italiens nur
Zum Schemel seiner Füße zu mißbrauchen,
Sicilien wider Recht zum Reich zu schlagen,
Die Macht der Herrschaft in dem Land der Deutschen
Zu gründen, die er ohnemaßen liebt,
Und Euch, die Ausgenützten, wegzuwerfen. —
Laßt's nicht geschehen, hindert seine Schritte,
Befreit von seinem Joch das Vaterland!"

(Lachend.)

Vom Joch das Vaterland?! — das klingt wie Hohn,
Wenn diese Zunge von Befreiung predigt. —
Verleumdung ist es! hat der Kaiser nicht
Von Anfang gleich geschworen, nie und nimmer
Sicilien an's deutsche Reich zu bringen?

(Nachdenklich auf und niedergehend, indem er das Schreiben umwendet.)

Und sieh, was hier! — Ein Kriegsplan von der Hand
Des Kaisers selbst! den er mir nie vertraut —
Und der den päpstlichen Verdacht bestätigt!

(Zurücktretend.)

Bleib fern, Verführer! Nein! die Mönche sind
Geschickt in jeder Kunst! nicht auch in der,
Die kaiserliche Handschrift nachzulügen? —
Das will ich ihm erwiedern, dem Versucher,
Und diesen Plan dem Kaiser überliefern.

(Indem er sich setzen will, zu schreiben.)

Und doch klingt's anders als Verleumdung! und
Stimmt zu den Worten, die er selber sprach;
„Nach Frankreich, Deutschland, lange, lange Zeit!" —
Und ist der Anfang mit den „Ausgenützten"
Nicht schon gemacht? — Erst den Thaddäus, den

Italiener, neben mich, zu zeigen,
Er könnt' mich auch entbehren — dann zuletzt,
Uns beide gegen Deutsche zu vertauschen! —
Das will ich mir bedenken, kluger Cäsar!
(Zu Bojolus.)
In wenigen Minuten meine Antwort.
(Bojolus entfernt sich.)

Dritter Auftritt.

Pietro. Nachher Friedrich. Später Bojolus.

Pietro.

„Das Schwerste stets vertrau' ich dir, Pietro!" —
Das hast du wahr gesprochen, Undankbarer!
Den stolzesten Juwel in deiner Krone,
Siciliens Gesetzbuch schuf ich dir,
Und selbst dem Blitzstrahl, den Lyon gebrütet,
Hab' ich entgegen mich gestellt! — und du
Theilst dein Vertrauen zwischen ihm und mir,
Mich der Beschämung Qualen preiszugeben!
Müd bist du meiner und verwischen willst du,
Daß du mich einmal neben dir bedurft.
Kann selbst der beste Fürst es nicht vergessen,
Daß ihm des Undanks Vorrecht angeboren?
(Macht heftige Schritte.)
Furchtbar bin ich in eine Wahl gestellt! —
Dem Papste dienen? — Diesem Papste? — Niemals!
Doch einem Diadem, das Andrer Thaten

Auslöscht und einschlingt als ein Eigenthum,
So wie die Sonne Wasser von der Erde? —
Das wär' ein Papstthum auf dem Kaiserthron. —
Auch dem nicht! dem Gedanken will ich dienen,
Der mich emporhebt zwischen beide, und
Der Willkür steuert, wo sie sei, die glaubt,
Es sei die Welt für sie allein geschaffen?
(Indem er erregt hinausblickt durch den Eingang.)
Er kommt durch meine Zimmer, der Gebieter!
(Mit den Blicken folgend.)
Ja staune nur des Reichthums und Geschmacks! —
Er naht sich und scheint diesen Weg zum Saale
Zu nehmen. — Jetzt will ich ihm nicht begegnen.
(Zieht sich in eine Fensternische zurück.)

Friedrich (tritt ein).

Auch hier Pietro nicht! — All diese Pracht
Floß von dem Kaiser seinem Diener zu.
Ein stolzes Schicksal, Andre reich zu machen,
Und selber keiner Gabe zu bedürfen!
(Indem er nach dem entgegengesetzten Seitenausgang geht.)
Dort wandelt seine Gattin durch die Gänge!
Welch stolzes Weib! Fürwahr, Italien
Besitzt nicht zwei, die so besiegenswerth! — —
Ein schönes Vorrecht, daß Pietro blieb! —
(Als hätte er einen Gedanken niedergekämpft.)
Doch nie mit meinem Knechte möcht' ich theilen.
(Geht ab. Alsdann tritt Pietro aus der Fensternische.)

Pietro.

Jetzt weiß ich, wie die Worte zu verstehen:
„Wenn ich mein Herrscherziel erflogen, steht
Pietro neben mir, ist mit gemeint."

(Stolz aufgerichtet, indem, von ihm unbemerkt, Bojolus eintritt und
ihn belauscht.)

Ein Knecht?! — Du sollst den Knecht empfinden, Fried=
rich! —
Hätt'st du mir zu verführen sie gesucht,
Ich hätte stolz gelächelt im Triumph,
Daß Blumen blüh'n, die selbst für einen Kaiser
Nicht da sind! — Doch den Knecht, mit welchem du
Zu stolz zu theilen bist — den sollst du fühlen!
(Pause.)
Und diese Frau zum heut'gen Fest geladen?!
Will sich der Sultan an der Sklavin waiden,
In ihr mich zu verhöhnen? — und gefällt
Nicht auch Sicilien dieser Sultanslaune?
O Selbstsucht, Kaiser Friedrich nennst du dich.
(Mit einem unterdrückten Seufzer.)
Nun ist ja Alles klar! — und schändlich bin ich
Von ihm betrogen! — jetzt hätt' ich das Recht
Zu seiner eig'nen Waffe — zur Verstellung. —
Und nun zur Antwort an den Papst! — der Krontag
Wird bald sich sammeln.
(Setzt sich zu schreiben, und spricht zuletzt was er schreibt, mit lauter Hast.)
Niemals, niemals soll
Der Deutsche nehmen, was Italiens ist,
Nie Deutsch= und Welschland Einem Herrn gehören,
Und gält's, durch ganz Italien den Aufruhr
Zu schüren gegen solche Kaiserpläne!
(Indem er den Brief verschließt und Bojolus erblickt.)
Nimm hin! (Für sich) und Glück zu diesem meinem Schritt
Zwischen den beiden höchsten Herrn der Erde. (Ab.)

Vierter Auftritt.

Bojolus, der sich schon zum Gehen angeschickt hatte, kehrt zurück; bald darauf kommt Pandolf.

Bojolus (den Brief aufreißend).

Hol' mich der Satan! eher glaubt' ich noch
Die Märchen und die Fabeln unsrer Kirche,
Als daß mir hätt' geträumt, der sichre Mann,
Der kluge Kanzler gieng' in diese Falle. —
Der dümmste Teufel ist gekränkter Stolz.

Pandolf (in Gallakleidung kommt).

Du da?

Bojolus.

Ich habe dich gesucht. — Doch du
Wohin in Gold und Seide? muß ich fragen.

Pandolf.

Zum kaiserlichen Hoftag bei Pietro.

Bojolus.

Es ist das Henkergastmahl, das die beiden
Ehrstolzesten Gesellen dieser Erde
Der Freundschaft geben, die sie sich geheuchelt,
Und Eifersucht ist das Gewürz dabei. —
So kann der Kaiser ja, mit Kron' und Mantel
Geschmückt, vom Feste gleich gen Himmel fahren.

(Da Pandolf stutzt.)

Was siehst du so mich an, als wüßtest du

Nicht, welch ein Tag ist? nicht, daß heut die ganze
Halbinsel sammt der Insel —

Pandolf
(will ihm den Mund verschließen).
Ungeheuer!

Und wenn's mißlänge?!

Bojslus.

Dann erhängst du dich,
Wenn du nicht ehe schon gekreuzigt bist. —
Doch auch für das Mißlingen ist gesorgt.
Sieh hier der Brief des Kanzlers an den Papst,
Auf welchen man ein früher Datum setzt,
Ist für den schlimmen Fall ein gutes Mittel.
Er, sammt dem Brief des Papstes an den Kanzler,
Den du ihm stehlen lassen wirst, wird ihm,
Dem Kaiser, in die Hand gespielt; das wirkt,
Das reißt ihm an des Herzens Fasern, wenn
Er sich verrathen glaubt vom Freunde, das
Zerstört die Seele, wenn der Leib zu zäh;
Das lähmt die Kraft des Widerstandes ihm,
Sieht er sich unterhöhlt von allen Seiten.
Und das, mein bester Pandolf, schützt auch dir
Dein liebes Leben; denn so hat's den Schein,
Als sei der Kanzler der Verschwörung Stifter,
An der er doch kein Fünklein angezündet.
Ihm und dem Kaiser, beiden wünsch' ich Glück,
Denn beide stach der Hochmuth, uns die Kassen,
Die Kutten und den Bannfluch zu beschneiden.
Hast du verstanden, Pandolf? (höhnend.) Bist du nicht
Auch ihrer Jünger einer? —

Pandolf.

Du verdienst
Den Cardinalshut oder einen Strick! —
Doch auch Pietro gönn' ich seinen Fall,
Dem Uebermüth'gen, der im Golde schwimmt!

Bojolus (horchend).

Hörst du? schon wird's lebendig in dem Saal.

Pandolf.

Heb' dich hinweg.

Bojolus.

Gott segne die Versammlung,
Ich warf ihr eine Fliege in den Becher!

(Beide ab.)

Fünfter Auftritt.

(Ehe der den Saal abschließende Vorhang gerückt wird, ertönt längere Zeit Gesang und Musik von Cymbeln, Trommeten und Pauken, die auch nach Oeffnung des Vorhangs, womit zugleich ein Tanz bekränzter saracenischer Mädchen sichtbar wird, einige Zeit lang sich fortsetzen.)

Friedrich mit Krone und Mantel, neben ihm Blanca, neben dieser Julia; neben dem Kaiser Pietro, Pandolf, kaiserlicher Hofstaat; sodann die Lehrer der Hochschulen zu Bologna und Neapel mit ihren Senioren, alle im Ornat; Minnesänger; Saracenen und Saraceninnen mit musikalischen Instrumenten. Saracenische Leibwachen.

Ein Minnesänger
(unter musikalischer Begleitung singt).

Stimm' an, Arabiens Königin,
Dein Lob auf Salomon,
So stark von Kraft und Rittersinn,

So herrlich stand seit Anbeginn
Kein Thron, wie Friedrichs Thron.
> (Die zwei letzten Zeilen wiederholt der Chor.)

Ein anderer Minnesänger (mit Begleitung).
Ich weiß einen hellen, frischen Schall,
Der gibt so kecken Laut.
Es reiten und jagen die Reiter all,
Doch Einer erlangt die Braut.
Und für Einen winden den Siegerkranz
Die Frauen, süß erregt,
Wenn das muthigste Roß zum Schwertertanz
Und zum Jauchzen des Festes im Waffenglanz
Den König der Schönheit trägt.
> (Der Chor wiederholt die drei letzten Zeilen. Sänger und Musicirende sammt den Tänzerinnen gehen ab.)

Friedrich.
Siehst du, Pietro, all den guten Glauben
Der Sänger an das alte Glück des Kaisers?
Uns andern will der gute Glaube schwinden,
So wie die Lust des Liebes uns verläßt.
> (Ihm ein Blatt reichend.)

Dieß fanden an dem Morgen meine Diener,
Und vorhin schon im Schlosse hätt' ich dir's
Gezeigt, hätt' sich Pietro finden lassen.

Pietro (lesend).
„Nehmt vor Pietro Euch in Acht, Gebieter!" —
Die Majestät vergebe, wenn ich lächle;
Viel Neider macht sich, wem ein Fürst vertraut.

Friedrich.
Die Feinde möchten dich von mir entfernen.

Pietro.
Nicht weiter, als Ihr selbst es wollt, o Herr!

Friedrich.
Das will der Kaiser niemals!
Pietro.
Doch Thaddäus
Steht zwischen ihm und mir.
Friedrich.
Sag: Neben uns.
Soll denn die Liebe täglich wiederholen
Und schwören, daß sie liebt? — Sie würdigt höher
Sich selbst und ihren Freund, wenn sie einmal
Ihn frei gibt an sich selber und an Andre,
Da muß sich ihre Echtheit erst beweisen.
Und ich erwarte, daß du eifersüchtig
Den Stolz mir pflegest, daß in aller Welt,
Wo Schmeichler oder Freunde mich umgeben,
Kein Herz mir näher stehe als das deine.
Pietro.
Man sagt, Ihr wollt Sicilien verlassen.
Friedrich.
Verlassen? solche Träume hab' ich nie.
Sicilien ist meine erste Liebe,
Und bleibt es. Aber eine ernst're Freundin, —
Fast eine Mutter nenn' ich sie — soll mir
Den Feind erschlagen helfen, der es mir
Geraubt, und ewig wieder rauben würde.
Willst du mich hindern, gegen ihn zu zieh'n?
Pietro.
Ich folg' Euch gegen Jeden, der die Pfeiler
Erschüttert, die der Geist der Völker baute;

Doch keinen Fuß breit über Euer Recht.
Ihr schwurt, Sicilien nie zum Reich zu schlagen.
Friedrich.
Was ist ein Schwur? — das Zugeständniß dessen,
Was heut mir wahr gilt! — kann mich das verhindern,
Die beſſ're Wahrheit morgen zu erkennen?
Pietro.
Versucht es nicht, Gebieter, ich beschwör' Euch,
Sicilien an's deutsche Reich zu bringen!
Friedrich.
Was that der Papst, der's für sein Leh'n erklärte? —
Wenn ich's zurückerob're, hab' ich nicht
Das Recht, es zu beschützen gegen jede
Verkümmerung? — an Deutschland es zu knüpfen?
Daß ich Siciliens durch Deutschlands Kraft,
Und Deutschlands durch Sicilien sicher bin?
Pietro.
Italien, Deutschland werden niemals Freunde.
Friedrich.
Wenn der Bestand der Dinge umgestürzt,
Dann fragt beim Ursprung des Vernünftigen
Die Seele an, was Recht sei und Gesetz.
Und die Vernunft lehrt dieses Urrecht mich:
Wo liegt die Grenze eines Reichs? — sie liegt
Wo des Besitzers Kraft ein Ende hat!
So weit sie reicht, muß ihm die Welt gehören!
Pietro.
Das wär' ein Faustrecht, jeglicher Bestand
Gelegt in das Belieben eines Andern.

Friedrich.
Das ist ein Vorurtheil. Der Tüchtigste
Bestimmt das Treffende für sich und Andre.
Pietro.
Doch jedes Volk regiert sich so am besten,
Wie es sich selbst bestimmt auf seiner Scholle.
Was Neues in Sicilien ward gebildet,
Ist aus Siciliens ältrem Recht gezeugt.
Friedrich.
Einmal war dieses ältre Recht ein neues.
Pietro.
Doch älter war das Volk, aus dem's entsprang.
Friedrich.
Auch das klingt gut! — vielleicht man lehrt mich noch:
Der Bürger herrsche, nicht die Macht der Krone.
Einstweilen gilt als bindendes Gesetz,
Was ich bewies daß meine Meinung sei.
Pietro.
Siciliens Gesetzbuch lautet anders.
Friedrich.
Wir beiden sind es, die es ihm gegeben.
Pietro.
Doch beide schufen ihm die Heimat nicht.
Friedrich.
Du bist ein Rechtsmann; ich der Kaiser. — Doch
Wozu uns streiten und entzwei'n? — Die Frauen,
Sie zürnen uns, daß wir sie so versäumen;
Und ihnen gilt des Tages erste Pflicht.
Bianca, Mutter meiner liebsten Kinder!
Ihr hießt bis heute nur des Kaisers Freundin

Und habet nie der Ehre nachgetrachtet,
Als Kaiserin vor meinem Volk zu glänzen.
Bianca.
Mir war genug, von Euch geliebt zu sein.
Friedrich.
Du bist's, wie's keine war! Des Herzens Stimme,
Kein staatsklug Ueberlegen gab' dich mir,
Und unsrer Liebe Söhne sind die Helden.
Bianca.
Ihr rittet von dem Türkenzug herein,
So blaß! und alle Frauenherzen schlugen
In banger Sorge für den kranken Sieger; —
Doch auf Bianca brannte Euer Auge,
Und süße Demuth war's, die ich empfand,
Des Helden Auserwählte mich zu sehen.
Friedrich.
Gebt mir die Hand! —
(Zu den Versammelten.)
Bianca Lancia ist
Zum kaiserlichen Ehgemahl erklärt!
Und so soll sie geehrt sein von der Welt!
(Freudige Bewegung.)
Bianca.
Lest all mein Glück in meinen Freudenthränen,
Und wenn zum alten Glücke, ganz von Euch
Geliebt zu sein, ein neues für Bianca
Noch kommen kann, so ist es dieß, zu wissen,
Daß Ihr sie glücklicher noch machen wolltet.
Friedrich
(Ihr ein Diadem aufsetzend).
Trag dieses Diadem, du bist es werth!

Ihr, Senior von Bologna, Euren Segen!
Ihr seid ein Priester, ein geborner Deutscher!
Ich weiß nicht ganz, warum mir ahnt, es komme
Aus deutschen Priesterhänden große Zukunft,
Die Welt bewegend und die Kirche läuternd.

Senior.

Wer könnt' Euch einen Segen geben, den Ihr
Nicht schon besäßet, kaiserlicher Herr?
(Die Hände über Friedrich und Bianca erhebend.)
Seid mit so vieler Weisheit angethan,
Als je ein Haupt ob einer Zeit geleuchtet!

Friedrich.

Ich weiß und glaub' an einen Himmelssegen.
Der ist ein Spötter und ein Gottverächter,
Der ihn verleugnet, wo er ihm begegnet.
Wie dank' ich ihm! — O wenn der Thau der Liebe
Die Schläfe netzt; wenn der Gedanken Blüthe
Im Geist sich öffnet; wenn die Lust des Wirkens
Im Herzen aufschlägt wie begeisternd Feuer
Und neuem Werben seine Freiheit gibt,
Wer glaubte dann an keinen Himmelssegen?
Doch aller Segenswunder höchstes ist's,
Wenn aus der Frauen Arm die Mannesbrust
Sich aufrafft wie der Held Thessaliens
Zur höchsten Lust unsterblichen Vollbringens?
(Hoch aufgerichtet, und Bianca umschließend.)
Dann wird ein Gott aus ihm, Nichts hält ihn mehr,
Und reißend stürzt er in den Staub der Schlachten.
(Wendet sich zu Pietro.)
Doch das dieß Herrliche sich forterhalte,

Laß ihm uns Jünger sammeln.
(Seine Hand fassend.)
Manfred wirbt
Durch mich um deiner schönen Tochter Hand.
Pietro (überrascht zurücktretend).
Das möchtet Ihr mit einem Knechte theilen?
Friedrich.
Bin ich nicht Aller Knecht? du nur der meine?
Pietro.
Ihr überraschet mich, ich bin verwirrt.
Friedrich (zu Julia).
Benehmt ihm die Verwirrung, schöne Dame;
Ich find' ihn stolzer, als ich es verdiene.
Julia.
Der Frauen Stolz ist ihr Gehorsam gegen
Den Gatten, und Pietro mag entscheiden.
Friedrich (schnell).
Nein ich! — Er sieht mit fremden Augen heute.
Doch duld' ich's nicht, daß sich ein fremder Geist
Einschleiche zwischen Friedrich und Pietro.
Als Geisel in den Händen deiner Tochter
Laß' ich den Sohn zurück, zum Bürgen, wie
Ich's mit Italien jetzt und immer meine. —
Und meiner Gattin, schöne Julia — seid
Ihr eine Freundin, daß ich, wo ich sei,
Italiens Blüthen darf zusammen denken.
Pietro (abgewendet und bitter für sich).
Die Gattinnen des Knechts und des Gebieters?
Julia.
Dank, hoher Herr, der Huld, der Ihr mich würdigt;
Doch taugt Pietros Gattin neben Eure?

Friedrich (gewinnend).

Sprecht mit einander von dem Eigensinn
Der Männer, wenn's an Stoff gebricht. Denn seht,
Ich möchte fliegen; er bedenkt sich kühl.

Pietro.

Sicilien — und Deutschland — hoher Herr! —

Friedrich.

Die alte Grille!

Pietro (bestimmt).

's gilt mein Vaterland!

Friedrich.

Sicilien ist trefflich, weil der Norden
Ihm eingeimpft; so muß man's ferner halten,
Muß Nord und Süd verbinden, daß es grüne,
Dieß Mischblut aus Siciliern und Normanen,
Und nicht in seiner Palmenluft verkomme.
Bin nicht auch ich aus Nord und Süd gemischt?
Das gibt die rechte Paarung und Durchdringung.
Der reine Süden ist zu sinnerregbar,
Jedwedem Abenteurer hangt er nach,
Der mit dem Scheine größ'rer Freiheit lockt,
Um ihn in tief're Sklaverei zu stürzen.

Pietro.

Zur ärgsten Sklaverei wird selbst die Wohlthat,
Ward sie von fremder Hand uns aufgenöthigt.

Friedrich
(als hätt' er nicht auf Pietro gehört).

Doch eigensinnig langsam, wie die Eichen
Erwächst die zähe Kraft des Nordens Völkern.

Chaotisch gährt's in ihren Seelen noch;
Doch sie zu läutern reizt den feinern Geist,
Der in des Südens Witterung sich klärte.
Ich sah den deutschen Boden und erkannte,
Hier keimt die Freiheit und der Völker Hort.
Steh' ich auf diesem fest, dann will ich gern
Den Papst als ersten Bischof anerkennen.

Pietro (schnell).

Das ist er nicht; er ist der Herr der Kirche;
Dieß Recht hört' ich den Kaiser nie bestreiten.

Friedrich (begeistert).

Laß mich nach Deutschland — zu Siciliens Heil!
Vom Staufen bis Palermo sei geschwungen
Die Völkerbrücke, die die Welt verbindet,
Wie jener Alexander Griechenland
Und Asien in eine Bildung schmolz.
Und siehe, Deutschland und Sicilien sollen
Der schönsten Freiheit beide Pfeiler heißen! —
Nun hat der Freund genug. — Wer bleibt zurück,
Wenn ich voran der Freiheit Schritte thue?

Pietro (höchst bewegt).

Ich, ich kann Euch zum mindesten nicht folgen.
Entlaßt Pietro! Euer Schritt, Gebieter,
Empört Italien! —

Friedrich (rasch abbrechend).
Keine Worte mehr!
Pietro (beiseit).

Er zwingt mich selbst zum Bunde gegen ihn!
Der ganze Adel soll ihm widerstehn!

Friedrich
(zu den Lehrern der Hochschulen gewendet).
Euch lud ich ein zu Zeugen dieses Tages,
Die ihr den Geist des Volkes weisen sollt. —
Pflanzt in den hohen Schulen, die ihr pfleget,
Mir ein Erkennungszeichen wie ich's meinte,
Und streut des Wahnes Götzen unerschrocken
Den Sonnenduft der Wahrheit in's Gesicht.

Senior.
Von Euch und Eurem Schutze, hoher Herr,
Zählt sich die Zeit der Wissenschaft. Nur mühsam
Vom Druck des Wahns ringt sich das Licht empor;
Doch greift ein Mächtiger in's Grau der Nacht,
Da reißt des Eises Decke dort und hier
Und grünes Leben treibt an allen Enden.

Friedrich.
Und neue Säfte weiß ich diesem Grün.
Den Aristoteles gebt euren Schülern,
Ich mach' euch seine Schriften zum Geschenk.
Und keinen Sterblichen hab' ich gefunden,
Der tiefer aus des Geistes Quellen schöpfte,
Als dieser helle gottgeliebte Grieche.

Senior.
Den Aristoteles! Dank, edler Herr!
Nach ihm hat uns bis heute selbst gedürstet,
Und doppeln Werth hat solch Geschenk von Euch!

Friedrich.
Und euch, ihr Theologen, sag' ich dieses:
Es gieng niemalen ein so göttlich Leben
Auf dieser Erde als der Nazarener,
Drum zeigt der Welt ihn klar und ohne Trübniß.

Verscheucht die dunkelnden und heimlichen
Quacksalber von dem Leib der Christenheit,
   (Zu den Rechtsgelehrten gewendet.)
Wie ihr Juristen von dem Leib des Rechts!
Lebendig sei das Recht, wie's Jeder fühlt,
Dem nicht das Herz versagt; die Wahrheit ist,
Nicht die Gelehrsamkeit das Erstgeborne.

Doch euch, ihr Physiker und Aerzte, lass' ich
Als einziges Vermächtniß die Natur.
Des Kaisers Gärten, seine Sammlungen,
Sie steh'n euch offen; — und noch weiter steht
Die Welt Euch offen und das Sterngewölbe.
Sucht! Sucht! Mein Dank sei jedem Fund gewiß,
Auch wenn er stürzt, was wir bis heut geglaubt. —
Schlecht in sich selber ist die Wahrheit, welche
Vor einer feindlichen Entdeckung zittert.
    Senior.
Solch Kaiserthum ist wie ein Lebensborn,
Daraus der Geister Jugend sich erneut.
    Friedrich.
Verächtlich ist die Macht und angemaßt,
Die nicht, der Völker Neugeburt erschaffend,
Das höchste Wollen ihrer Zeit bedeutet.
    Senior.
Doch wie der Gottheit Bild auf Erden ist
Ein Fürstenhaupt, das auf bekrönter Stirne
Des Lichtgedankens Thronsaal aufgeschlagen.
   Friedrich (schnell).
Nicht die Tiara, noch der Kaisermantel

Sind Zweck und Inhalt höchster Menschensendung;
Ein Weiser ist der erste Stern der Erde.
     Senior.
Den habt Ihr Eurer Laufbahn vorgesteckt!
    Friedrich (ergänzend).
Und unter Millionen Kräften mich
Als die zu sehen, die die andern lenkt.
Und wie ich selbst zuletzt in aller
Verwandlung und Gestaltung, die ich schuf,
Als meine eigne Bildung mich erblicke! —
Sieh das ist königliche Macht, Pietro,
    (Sich nach ihm wendend.)
Und Zufall ist die Krone, die sie schmückt.
     Pietro.
Doch auch das Kleine, Kindlichschwache selbst,
Das Ungereimte, das jahrtausendlang
Die Menschheit nachschleppt, oder neu erfindet,
Dünkt einem großen König nicht verächtlich.
Denn auch ein Spielzeug ist den Völkern gut,
Daran sie ihres Glückes Träume binden.
     Friedrich.
Einstweilen werfen wir des Witzes Funken
Dazwischen und verrücken ihre Puppen,
Als wie ein Fuß im leichten Sande spielt.
    Pietro (bedeutungsvoll).
Doch schonend nur gebührt's den stärkern Seelen,
Des Volkes Kinderspiele zu berühren.
     Friedrich.
Drum straf' ich jene Ketzer, die dem Volke
Des Glaubens Stütze wegziehn unter'm Boden,
Und wissen keine beßre ihm zu geben.

Doch in der Geister obern Regionen
Da sei'n die schärfsten Lichter angezündet,
Daß allgemach und schadlos auch nach unten
Willkomm'ner Schein von ihrem Glanze bringe.
(Verworrenes Getöse von Außen. Heliodora stürzt herein.)

Sechster Auftritt.

Vorige. Heliodora.

Heliodora.
Zu Hilfe! Vater! Gnäd'ger Kaiser, flieht!
(Zu Pietro, dann zum Kaiser sich werfend.)
Aufruhr und Mord! — drei Männer sind im Schlosse
Gefangen, die den Kaiser morden sollten,
Wenn er aus diesem Saale gienge.
(Schrecken und Aufregung.)
Manfred,
Des Kaisers Sohn, rückt an auf Tuscien,
Weil ihm verrathen ward, daß eine große
Verschwörung seines Vaters Leben drohe. —
Helft euch und ihm! — Grosseto ist bestürzt,
Verdächtig Volk in Waffen deckt die Straßen
Und niemand weiß, was Freund' und Feinde sind.

Friedrich.
Träumst du nicht, Kind?

Pietro.
Du sprichst im Fieber, Mädchen.

Heliodora.
O eilt!

Blanca.
Mein theurer Kaiser, welche Stunde!
Julia.
Weh diesem Land! es findet keinen Frieden.
Thaddäus (hereinstürzend).
Sicilien und Neapel sind im Aufruhr,
Statthalter Reinald in Palermo tobt;
Der Cardinal Stephan Romanis und
Die Grafen Severino schlossen sich
Die festen Plätze durch die Lüge auf,
Der Kaiser sei an diesem Hof getödtet,
Und haben aufgepflanzt des Papstes Fahne. (A6.)
Pandolf (hinausrennend).
Ich eile zu den Waffen, mein Gebieter!
Friedrich.
So also hat des Maulwurfs Emsigkeit
Gegraben unter mir, so lang wir tagten?
Todt tragen sie mich um? — das ist zu früh!
(Sich umblickend.)
Das bist du ja, Bianka! das Pietro!
Dieß seine Gattin! dieses Heliodora!
Euch Alle kenn' ich — und so bin ich noch,
Und wär' auch alles Andre Lügenfratze. — —
(Seufzend.)
Die Severino's! — die ich mir am Busen
Erzog! — doch nein! nicht wieder weich, mein Herz!
Nun habe die Gefühlsamkeit ein Ende.
(Den saracenischen Leibwachen winkend.)
Kommt her, euch sag' ich, wie ihr glücklich seid:
Ihr habet keinen Papst, der eure Häupter
Verflucht, habt keinen Mönch, der euch verräth,
Und keinen Priester, der mit Gift und Dolch

Die Fürsten anfällt, die mit ihren Völkern,
Als wie mit Menschen, Menschen möchten sein.
Wenn Friedrich todt ist, flieht in's Morgenland!
Es kommen Menschen und sie sind schon jetzt,
Die ein so gräßlich Christenthum verkünden,
Als sei der Mord im Abendland erfunden. — —
Doch einmal, einmal noch steht zu dem Kaiser,
Wetzt eure Klingen, übt den Todesstahl
An diesem brudermörd'rischen Geschlecht!
(Mit steigendem Affect.)
Seht eure Kaiserin! die Milde blüht
In ihrem Angesicht; die Feinde möchten
Sein Glück dem Kaiser von der Seele reißen. —
Wer schwingt sein Schwert nicht vor der Kaiserin?
Blanca.
Sein Herz beschützt! und mag das meine brechen!
Ich hab' mein Leben tausendmal gelebt
In seiner Liebe! — An des Kaisers Leben
Nährt Blut und Seele sich von Millionen.
Die Saracenen.
Wir gehen in den Tod für ihn und Euch!
Friedrich (auf Pietro).
Seht diesen Mann, mit dem ich Tag' und Nächte
Gesonnen, meine Völker zu beglücken —
Von diesem Manne wollen sie mich reißen!
Auf, meine Saracenen, auf! und zündet
Dem Kaiser eine Hochzeitfackel an,
Wie keine seit dem Brande Roms geleuchtet!
Saracenen.
Wir schützen Euch, getreu bis in den Tod!
(Friedrich rasch ab mit der Kaiserin; ihnen folgen die Saracenen, darauf die Andern. Am Ausgang hält Pietro an und kehrt zurück.)

Siebenter Auftritt.

Pietro. Später Bojolus.

Pietro
(voll Bestürzung hin und wieder rennend).

Ich Unglückseliger! was ich — ganz anders
Mir erst gedacht! was ich mit allen Mitteln
Des Rechts ihm wollte gegenüberstellen,
Ward längstens zum Verrath schon ausgebrütet,
Und brach empor zum Aufruhr, eh er selbst
Des Bruches off'ne Schritte noch gethan!
(Auf das Kampfgetöse horchend, das von außen ertönt und während des
Auftritts ab- und zunimmt.)
Schon tobt der Kampf! — ich kenne Friedrichs Stimme!
(Bojolus ist von der Seite, auf welcher er vorher gieng, eingetreten,
von Pietro unbemerkt.)
Mein Brief an Innocenz! — o läg' er tief
Im Ocean! — — des Papstes Brief an mich — —
Ihn will ich retten, ob es mich errette! (Rasch ab.)

Bojolus
(indem er ein Papier empor hält, dem Abgegangenen hohnlachend nach).
Hier ist er, du verlorner Kaiserknecht!
(Ab nach der andern Seite. — Kleine Pause.)

Pietro (schreckenvoll zurückkommend).
Verschwunden ist der Brief! — Bin ich denn selbst
Von einem Netze des Verraths umsponnen?
O das ist mein Verderben! — List der Hölle,
Packst du die Niederiggebornen so,
Die sich vermessen, selbst etwas zu sein,
Mit eigener Gedanken Reiz zu spielen,
Wie es die Großen dieser Erde dürfen? —

Uns blieb die Tugend nur der Selbstaufgebung!
Wenn sich die Riesen streiten, wenn zwei Berge
Sich mit dem Felsenhals entgegenrücken,
Was kümmert sie das Thal, das sie zermalmen?
(Hinausblickend.)
Da rückt Thaddäus an, der Nebenbuhler!
Glücksel'ger Mensch! o die behalten Recht,
Die ihres Ohrs und Herzens Thür nur öffnen,
Um des Gebieters Machtspruch einzulassen,
Nichts drunter und Nichts drüber; jedem eig'nen
Gedanken selbst die Thür verschließend, ewig
Für fremden Willen nur zu Hause sind.
(Thaddäus kommt in Waffenrüstung. Das Kampfgetöse von außen dauert fort.)

Achter Auftritt.

Pietro. Thaddäus.

Thaddäus.

Der Kaiser will, daß ich Euch Abschied sage.
Der Aufruhr ändert Alles. Sein Befehl
Ruft nach Apulien mich an seiner Seite.
Manfred zog eben in Grosseto ein;
Ihr sollt als Rath ihm dienen, weil der Kaiser
Pandolf von Fasanella, den Verräther,
Als er zum Feinde zu entflieh'n gesucht,
Am Franziskanerkloster ließ erhängen. —
So hab' ich Kaiser Friedrich nie geseh'n,
Im Zorn so schrecklich, der so mild im Frieden.

Hört Ihr den Tobenden? in Haufen stürzen
Vor des Ergrimmten Schwerte die Ereilten.
Grosseto ward zum Schlachtfeld; der Ombrone
Schwillt an von Blut und Leichen; — die Verschwörer
Beschloß der Kaiser fürchterlich zu strafen; —
Und weh dem Haupt, das seine Rache trifft!
Lebt wohl! nun seid Ihr den Thaddäus los!
(Schnell ab.)

Neunter Auftritt.

Pietro.
Mich bannt's wie Donnerschlag an diesen Boden! —
Kann ich zurück und Alles ihm entdecken?
Kann ich ein Knie noch beugen? — Nein, ich kann's nicht!
Könnt' er verzeihen, daß ich ihm mißtraut,
Dem Feind ein Ohr lieh und mit ihm verkehrt?
Und ist er selber ohne große Schuld? —
Sollt' ich ihm den Gebieterstolz vergeben,
Dem ich wie ganz Italien nur ein Knecht!
Verrath am Vaterlande wär' Versöhnung.
Nie, nie kann das Vertrauen wiederkehren;
Ich muß den Weg verfolgen, den ich einschlug,
Und spänn' ich meinen eig'nen Untergang.
Der Würfel rollt, das Schicksal mag entscheiden!
(Während er abgeht, fällt der Vorhang.)

Vierter Aufzug.

Erster Auftritt.

Bei Parma, dessen Thürme sichtbar sind. Friedrichs improvisirte Lagerstadt, genannt Vittoria.

Friedrich mit einer Schaar von Deutschen und Saracenen. Hinter ihnen Rambold, Triebig, Stephano, bewaffnet.

Friedrich.

Heut gilt's den Sturm auf Parma. Seht euch vor;
Das ganze Land ist von Verrath umstrickt.
Wie sehn' ich mich hinaus! Wär's nur schon Abend
Und diese Welfenveste läg' am Boden,
Und ihre Führer hiengen oder zögen,
Des Papsts Empörerbulle an der Stirn,
Mit abgehau'ner Rechte durch das Land! —
Seht, dahin haben euren Kaiser, welchen
Den „Freundlichen" ihr nennt, die eig'nen Freunde
Gebracht, die er mit seiner Liebe nährte,
Daß er am Blut sich waidet, daß er grausam
Geworden! — Keinem Menschen trau' ich mehr,
Und viele tausend hab' ich bluten lassen. —

Dampft nicht Italien von Agrigent
Bis an der Alpen Scheidewand von Blut,
Daß mir der Abscheu alle Sinne füllt? —
Und doch noch einmal soll der Blutgeruch
Zum Himmel steigen und die Welt betäuben.
Helft mir den Drachen, der in Parma haust,
In's Eingeweide treffen, daß ich jauchze:
Der Gegner liegt, der Kaiser ist gerochen!
(Ab mit der Schaar; während dessen spricht)
Rambold
(zu Stephano und Triebig.)

He, vorwärts, he! — 's geht an ein Kartenspiel!
Stephano.
Wenn's nicht der Kaiser wär', dem man muß folgen,
Und wenn's zur Hölle gieng', ich ließe nach;
Wollt' lieber Wache steh'n vor seinen Zimmern.
Rambold.
Parabelnecht! dem Angst wird vor der Schlacht
Als wie dem Teufel vor der Kirchenthür!
Triebig.
Ist meine Zeit erst um, ich treibe heim
Wie's Roß vom Pflug, schlag' meine Thüre zu
Und leb' für mich wie eine deutsche Reichsstadt.
Hat Einer sein gut Essen und gut Trinken,
Der will auch seine Ruhe herentgegen.
Rambold.
Das will ich glauben, Landsmann, denn du taugst
Zum Krieg, als wie das Schwein zur Hochzeitjungfer.
Da wär' es freilich besser, arme Beppa,
Mit dir, als solches Lumpenpack zu führen!
Wer weiß? ich bringe dich noch unter Dach! —

Doch komm' ich um, so stellt, ihr Schneckentreiber,
Euch meinem Schatze vor und sprecht: Wie wir
So sehen die aus, die das Vaterunser
An einem Tage siebenmal verspielen,
Drum kann kein Schuß noch Wurfspieß ihnen zu; —
Doch Rambold kommt nicht mehr; er wartet deiner
Und dient sich weiter bei der Himmelsgarde.
(Sie mit der Waffe antreibend.)
Trumpf aus, ihr Hund'! mit dem Gesindel muß
Der Kaiser Kamisol und Rock verspielen!
(Ab, den Vorigen nach.)

Zweiter Auftritt.

Thaddäus mit Bewaffneten kommt. Später Bojolus, Friedrich.

Thaddäus.

Frisch zu mit mir! bis an den Po hinauf,
Sei Alles rein gefegt von dieser Meute!
Ha wie sie zitterten bei Friedrichs Nahen!
Wie sie bei Askoli die Waffen streckten!
Wie sich Neapel und Sicilien beugten!
Und wie die Aufruhrprediger zerstoben,
Als sie den rechten Herren wieder sahen!
An solchem Haupt zu hangen, das ist Freude,
Und müßt' es sein, man weiß, für wen man blutet. —
Doch — welchen Rauch bringt uns der Wind herüber?
Seht nur, sie drücken schon heraus zum Thor

Wie Mäuse aus den Löchern, die Parmenser.
Laßt sie nicht warten; auf zum Sturm, ihr Braven!
(Ab mit seiner Schaar. — Hinter der Scene langes, heftiges Kriegsgeschrei,
Waffenlärm.)

Bojolus
(im Hintergrund Vittorias tritt auf mit einer Fackel, um ihn her Weiber,
Mädchen).

Es brennt noch nicht genug, frisch, traget zu,
Ihr Mädchen und ihr Weiber! zündet an!
(Ab mit ihnen.)
(Vittoria fängt an zu brennen. Bei dem sich mehrenden Feuer wächst das
Toben des Kampfes bis zur höchsten Verwirrung.)

Friedrich
(erscheint mitten in dem brennenden Vittoria auf einer Höhe mit erhobenem
Schwert, rufend).

Laßt's brennen! Mir nach! Deutsche, Saracenen,
Haut durch! Am Westthor Parmas kämpft Thaddäus! —
Er sinkt! durch, durch! und kostet es mein Leben!
(Rasch ab unter tobendem Kampflärm.)

Dritter Auftritt.

Cyrillo und Crispius kommen mit einem Trupp von Parmensern.
Mehrere von diesen tragen mit einander einen Krüppel herein, der eine
Krone auf dem Kopfe trägt. Wilder Jubel.

Cyrillo (nach der Brandstätte deutend).

Da liegt's in Staub und Asche, sein Trutz Parma,
Die Lagerstadt von Holz, die uns zum Schrecken
Sein Stolz Vittoria vorausgenannt!

Crispino (auf den Krüppel deutend).

Seht da den Kaiser! hätt' ein Mensch geglaubt,
Daß der noch Kaiser würde, den die Jungen
Mit Bohnen werfen, hinkt er durch die Straßen?
(Ausgelassenes Gelächter.)
Ho, wie gesunken ist der Preis der Kronen,
Wenn sie im Koth die Bettelkrüppel finden!
Kommt, lasset im Triumphzug uns durch Parma
Ihn führen mit dem Ruf: der Kaiser lebe!

Cyrillo.

Die Frau'n und Mädchen Parma's lass' ich leben!
Was schleppten sie an Pech, an Stroh und Holz
Und andrem Brandgeräth herbei, als wir
Anzündeten das Gibellinenlager! —
Nun habt ihr Deutschen einmal einen Brand,
Der hält neun Tage! Und wenn einmal wieder
Der Durst euch plagt, so kommt, wir schenken ein!

Crispino.

Doch meiner Bella sei der erste Preis!
Ein kaiserlicher Pfeil fuhr ihr in Arm;
Sie mit den Zähnen zog ihn blutig aus
Und warf ihr Büschel Reiser in die Flamme,
Daß sie hoch aufschlug und das Herz mir lachte.
Ein Beichtmönch, der dabei stand, sprach zu ihr:
Dir sind für diese That auf sieben Jahre
Vergeben alle deine Liebessünden.

Cyrillo.

Und große Beute fiel in unsre Hände
An Gold und Silber, Rüstungen und Rossen,
Des Kaisers Scepter und des Reiches Siegel.

Crispino.
Kommt heim, wir wollen sehen, wenn man theilt,
Wie viel für Unsereinen abfällt; kommt!
(Ab unter lautem Geschrei.)

Vierter Auftritt.

Hermann von Salza tritt auf.

Jetzt endlich kann ich auf den Platz gelangen;
Der ganze Schwall des Feindes wälzte sich
Nach Parma, um im Siegesrausch zu schwimmen. —
Zu welchem Schauspiel kam ich an! Mich trieb's
Mit guter Botschaft meinem Kaiser zu;
Nun bin ich Zeuge solcher Niederlage!
Geschlagen! Viele Tausende gefallen!
Thaddäus todt! der Kaiser selbst verwundet
Und in der Seele Innerstem gebrochen!
Von Thränen fast erstickt, so sagen sie,
Sei er gekniet bei des Gefall'nen Leiche,
Ausrufend: „Also starb mein letzter Freund!"
Und keines Menschen Aug will er begegnen! —
Du starke Seele, was muß über dich
Ergangen sein, um also dich zu beugen? —
Dein letzter Freund gestorben?! Nein, mein Kaiser,
So schlecht gieng deine Saat nicht auf! Und tausend
Erwärmte Freundesherzen bring' ich dir,
Die nur der Winke deines Auges harren!
(Jacopo, in anderer Kleidung, als zu Lyon, kommt.)

Fünfter Auftritt.

Hermann von Calja. Jacopo.

Jacopo
(im Kommen eilfertig).

Wo ist der Kaiser? sagt mir!

Hermann.

Niemand soll
Vor ihm erscheinen.

Jacopo.

Laßt mich, laßt! ich muß!

Hermann.

Wer bist du, und was treibt dich so zur Eile?

Jacopo.

Die Reue! helft, und laßt mich knie'n vor ihm.
Ich war von seinen Söldnern einer. Da
Kam die Verführung an mich, daß ich floh
Und zu des Papstes Söldnern übergieng. —
O Herr, was ich geseh'n, es ließ mich tausend
Und tausendmal bereuen, was ich that.
Ich hörte, wie den Kaiser man verlästert,
Und schwieg; sah, wie man ihn verrieth — und schwieg!
Sah, wie man Hände dingte —
(Abbrechend.)

Laßt mich schweigen. —
Nun kam die Botschaft, ganz Italien sei
Im Aufruhr, Freunde thäten noth dem Kaiser. —
Da hielt mich Nichts mehr — vor dem rechten Herrn
Will ich im Staube bitten um Vergebung.

Hermann.

Du kamst zu rechter Stunde: Einer doch
Für all die Tausende, die er verloren!
Komm zu dem Rest des Heers; der Kaiser wird
Lang vor uns in Grosseto sein — und laß
Uns dort mit froher Nachricht ihn begrüßen. (Gehen ab.)

Sechster Auftritt.

Zu Grosseto in Pietro's Hause.

Pietro, blaß und gebeugt, kommt mit Julia.

Julia (im Kommen).

Der ganzen Erde darfst du, und auch ihm,
Dem Dankvergeß'nen deine Stirne zeigen!

Pietro.

Es geht abwärts mit mir und meinem Stern.
Ich fühl's am Leib — und mehr noch an der Seele. —
Der Kaiser Sieger in Apulien!
Des Adels Widerstand erdrückt; auch die,
Die nur das Recht gewollt, auf's Haupt geschlagen;
Verräther allesammt in seinen Augen. —
Und ich? — was wird nicht die geschäftige
Auslegung und Vermuthung aus mir machen!
Wie wird sie mir mein Lebensbild entstellen!
Das Herz könnt' mir's zerfressen, müßt' ich's denken:
Verstümmelt bei der Nachwelt fortzuleben! —
O es ist thöricht, mit der Sonne wandeln!

Der Neid und die Verleumdung speien uns
Den trüben Gischt der Schadenfreude zu;
Und sie, die selber nicht von Flecken frei,
Verwechselt uns, die wir ein Leben lang
Mit ihr geschritten, mit dem ganz gemeinen
Sternschnuppenheer — und läßt in Nacht uns fallen; —
Doch sie, sie geht davon und bleibt die Sonne! —
O thöricht, thöricht: mit der Sonne wandeln!
(Indem er zur Seite abgeht.)
Komm, krankes Haupt, du sehnst dich nach Vergessen!
Julia.
Bleib aufrecht, wie du's immer warst, Pietro!
Bei Welt und Nachwelt spricht dein Recht dich frei.
(Indem sie ihm folgen will, sieht sie Blanca kommen.)

Siebenter Auftritt.

Blanca und Julia.

Julia.

Ihr gebet mir die Ehre, hohe Frau?

Blanca.

Ich kam um unsrer Kinder willen und
Der Freundschaft zwischen Friedrich und Pietro.
Was ist's, daß sie so lau, so kalt geworden?
Daß Manfred wie ein Fremder fast bei Euch,
Daß ich wie eine Fremde bin empfangen?

Julia.

Ihr seid die Kaiserin!

Blanca.
Warum nicht Freundin?
Julia.
Ich streite nicht den Streit der Männer; doch
Wo ich Pietro sehe, steh' auch ich.
Blanca.
Und unsre Kinder? haben die's verschuldet,
Was zwischen ihre Väter sich geworfen?
Und wäre das so schwer und unheilvoll,
Daß es der Kinder Liebe nicht verlöschte?
Julia.
Wenn sich zum Niedrigen der Hohe neigt,
Dann ist's des Niedern Tugend, stolz zu sein
Und suchen sich zu lassen, nicht zu suchen.
Sonst geißelt ihn mit Recht des Spottes Zunge:
Seht da den Thoren, der sich aufgebläht
Zu Regionen, wo man ihn verhöhnt.
Sagt, wär' des Kaisers Liebe Euch so werth,
Hätt' er nicht Eure Liebe suchen müssen?
Blanca.
O Julia! hätt' ich den Spott verdient,
Ich wüßte nur das Eine Euch zu sagen,
Daß wenn ich Friedrichs dachte, ich nicht wußte
Was Stolz ist, und nur liebte, weil ich liebte.
Liebt Ihr Pietro nicht mit solchem Herzen?
Julia.
Der Stolz der Frauen ist der Männer Wunsch;
Die schwer erreichte Perle hat den Preis.
Blanca.
Das hab' ich nicht erfahren, denn ich flog
An Friedrichs Herz; er aber hält mich werth. —

Doch warum solche Worte zwischen uns?
Sagt, Julia, was Euch freundlich machen kann?
(Manfred kommt; gleich nach ihm Heliodora.)

Achter Auftritt.

Vorige. Manfred. Heliodora.

Heliodora (im Eintreten).
Was ist dir, Manfred? Ich erschrack, wie du
So hastig kamst und bin dir nachgeeilt.
Manfred.
Der Vater kam.
Julia (glücklich).
Der Kaiser! auf zu ihm!
Manfred.
Vergebt, geliebte Mutter! (zu Julia.) Und auch Ihr;
Trüb und verdüstert zog der Kaiser ein.
(Der Mutter Hand fassend.)
Die Schlacht verloren bei Vittoria!
Thaddäus todt!
Blanca (die sich ihm entziehen will).
Und wir verweilen hier?
Manfred.
Bleibt, beste Mutter, bis Ihr Alles hörtet.
Laßt mich Euch trösten, laßt mich retten helfen,
Was meine Kraft vermag. — Im Kampfe bei
Bologna wurde Enzio gefangen!

Bianca (ihm an den Hals fallend).
O Gott im Himmel! meiner Liebe Sohn!
Manfred.
Nachdem er Wunder that an Tapferkeit! — —
Auch sonst, vergebet, Mutter Heliodora's,
Reißt böses Schicksal an dem schönen Frieden.
Der Kaiser zürnt Pietro! und man spricht
Von schrecklicher Enthüllung.
Julia.
                    Von Enthüllung?
Vor jedes Auge darf Pietro treten!
Heliodora.
Ich will mich werfen zu des Kaisers Füßen,
Will sprechen: Kaiserlicher Herr, Pietro
Ist ein gerechter Mann; und konnt' er straucheln,
Vergebet ihm um unsrer Liebe willen!
Julia.
Ihn flehen? zu vergeben? Heliodora,
Hast du vergessen, wessen Tochter du
Dich nennst? und daß Pietro niemals thut,
Was eines Menschen Huld vergeben müßte?
Heliodora (zu Manfred).
Ich fasse deine Hand! (Zu Bianca.) Und Eure faß' ich,
Ihr helfet Alles mir zum Besten wenden.
Julia.
Du weißst, wo deine Heimat, Heliodora;
Bei deinem kranken Vater ist die meine!
(Geht ab zur Seite, nach Pietro's Zimmer; Bianca ab durch den
            Haupteingang.)

Neunter Auftritt.

Manfred. Heliodora.

Heliodora (sich an Manfreds Brust werfend).
Hier laß mich Zuflucht suchen. Wohin sonst
Sollt' ich mich wenden? Kalt und stolz die Mutter;
Der Vater trüb verstört; der Kaiser grollend.
Manfred.
Ich hab' ihn lang gefürchtet diesen Zwist.
Es ist ein uralt Loos: der Stolz der Männer
Greift um sich wie des Wassers Ringe; einer
Bricht in das Recht des andern ein, und beide
Schwer sühnbar werden schuldig aneinander. —
Doch eine Kraft lebt gegen Väterschuld!
Du glaubst an sie und nanntest sie mit Namen:
Die Schuld der Väter sühnt der Kinder Liebe.
Dich in den Armen, trotz' ich jedem Schicksal;
Und wenn die Welt in Trümmer gieng', auf einem
Steh' ich mit dir und rufe: Hieher flüchtet,
Bei euch ist Mord! hier ist noch rein die Welt!
Heliodora.
Ist es denn wahr? o wenn du also sprichst,
Vergess' ich selber alle Angst und fühle
Etwas von Heldin in mir. — Eines nur
Weiß ich vor Freuden oft nicht ganz zu fassen:
Wie so der Kaisersohn mich lieben kannn.
Manfred.
Ist solche Liebe nicht des Staufen würdig?

(In ihren Anblick versenkt.)
Und ist die Schönheit nicht von Gottes Gnaden? —
(Sie küssend.)
Nur süßer, goldner, weil sie's selbst nicht weiß!
Die kühnsten Helden und die schönsten Frauen —
Das setzt die Helden fort und Königinnen!
    Hellodora (glückselig an ihm aufblickend).
Nun weiß ich Nichts von Furcht und Aengsten mehr,
Es ist die Staufenseele, die mich trägt! —
So laß den Zorn des Kaisers uns versöhnen.
    Manfred.
Durch dich, die er wie seine Seele liebt.
    Hellodora.
Nur erst zum kranken Vater will ich eilen.
    Manfred.
Und ich die seelentreue Mutter trösten.
(Hellodora ab nach Pietro's Zimmer, Manfred durch den Haupteingang.)

Zehnter Auftritt.

Malespini in Aufregung tritt ein; hart hinter ihm Bojolus.

    Malespini (im Eintreten).
Laßt mich! ich muß zu meinem kranken Herrn.
    Bojolus (ihn festhaltend).
Was krank! viel schlimm're Schäden sind zu heilen.
Bin ich etwa gesund? Hab' ich zwei Augen?
Stahl mir der Ländergeier nicht die Hälfte?! —
Wollt Ihr?

Malespini.
Ich bin in fürchterlichen Klauen!
Bojolus.
Der Kaiser wird Euch heute rufen lassen,
Ich weiß; er sprach's, wie ihn nach Eurem Saft
Verlange. Ein Geschoß hat ihn gestreift
Bei Parma, und er setzt ein alt Vertrauen
In Eure Kunst, die ihn so oft gerettet. —
Jetzt zeigt den Künstler! — Wollt Ihr?
Malespini.
Ihn, der mir
Ein Haus gleich einem Schloß am Meer geschenkt?!
Bojolus.
Und der Pietro, Euren Herrn, Euch tödtet!
Ihr wollt?
Malespini (indem er sich seiner erwehren will).
Bei allen Heiligen, laßt los!
Bojolus (mit grinsender Miene).
Wohl denn, ich laß' dich! Morgen aber fällt
Dein Haupt durch's Beil!
(Ein Papier hervorziehend.)
Erkennst du, schwacher Sünder,
Dieß Blatt? und weißt du noch, wozu dein Haus
Am Meere du in jener Nacht geliehen? —
Du willst? —
Malespini.
Gott der Barmherzigkeit, ich muß!
Bojolus.
Jetzt frisch zu Eurem Herrn! — und daß er Nichts
Von der Erregung merkt, die Euch befiel —
Bei Eurem Leben! —
(Malespini ab durch die Thür, durch die Julia abgieng.)

Bojolus
(im Abgehen durch den Haupteingang zurückrufend).
                    Wohl bekomm das Tränklein,
Ihr Herrn, die Kaiser sich und Kanzler nennen;
Trinkt es dem Teufel zu, der's euch gesegne!

Elfter Auftritt.

Im kaiserlichen Pallast zu Grosseto. Friedrichs Zimmer.
Ein Tisch mit Papieren ꝛc.

Kaiserliche Wachen an den Thüren, darunter Stephano. Man hört von außen unverständlich rufen, bis

Beppa
(am Eingang erscheint, und zu Stephano spricht).
Und Rambold, mein Verlobter?!
            Stephano.
                    Ist gefallen!
            Beppa.
Behüt' ihn Gott und segne seine Seele!
So steht kein Zweiter in des Kaisers Heer,
Und ledig folgt ihm Beppa in den Himmel.
            Stephano (der sich vor sie stellt).
Doch ich bin auch noch da.
            Beppa.
                    Weich aus und schweig,
Man darf den Namen Rambold und den deinen
Am gleichen Tag nicht auf die Zunge nehmen. (Ab.)

Zwölfter Auftritt.

Friedrich, bleich, mit ungewissen Schritten, erscheint mit Bianca unter der Thür.

Bianca (ohne einzutreten).

Du wirst ihn mild — wirst wie ein Freund ihn richten!
Gott über Euch! — Ich sehe Manfred kommen.
(Ab.)

Friedrich
(ruft durch den Eingang zurück).

Und seinen Degen lasset ihm! Es treten
Zwei Männer des Gerichtes nach ihm ein!
Dann schicket seinen Arzt, so bald er kommt,
Den Trank, wie ich befohlen, mir zu reichen.
(Pause, in der er dem Zuschauer ganz nahe tritt.)
Hat denn ein König Freunde? — Ja, die Freunde,
Die drängen sich nicht zu; die warten treulich
Bis sie das Schicksal ruft und fangen auf
Den Todesstreich, der unsrer Brust gegolten.
Das that'st du mir, Thaddäus! — Seit du fielst,
Trifft mir das Haupt ein Unheil um das andre. —
Doch Er — Er mich verrathen an den Feind! —
Das war kein Freund — und hielt auch mich für keinen,
Und auf dem höchsten Gipfel der Entwürfe
Verläßt kleinherzig mich der Italiener! —
(Nach der Thür blickend.)
Ich war ihm nur der Thurm, am Markt gebaut,
Um den er flog, im Glanze sich zu baden,
Der von der hohen Kuppel wiederleuchtet. —
Da schlägt der Donner ein, und wie die Vögel

Scheu fliehen, wenn die Sonnenfinsterniß
Herr wird am Himmel, und die Lampen suchen,
Die sich die trübe Erde angezündet,
So eilt der Flatterhafte weg und läßt
Des Marktes Buben nach dem Thurme werfen.
(Nach der Thür blickend.)
Er zögert! — freilich ist's ein schwerer Gang.
(Wie vorher.)
Wo bleibst du, Glaube an die Geister, welche
Ein frei Empfinden zu einander treibt?
Du bist ein Wahn! — nur dem Gesetz der Schwere,
Das Eigennutz sich nennt, gehorcht der Mensch,
Und Vortheil heißt der Mittelpunkt der Erde.
Mich selbst besitz' ich nur, und zur Vernichtung
Bin ich den Andern, wie sie mir geboren!
(Pietro kommt; hinter ihm zwei Gerichtspersonen.)

Dreizehnter Auftritt.

Friedrich. Pietro. Die zwei Gerichtspersonen.

Friedrich (nicht ohne Bewegung).

Du kommst?

Pietro.

Ich komme krank.

Friedrich.

Ich auch! so sind
Wir beide besser angethan zur Buße.

Pietro.
Wozu die beiden Männer hinter mir?
Friedrich.
Es sind die Beichtiger, die uns vernehmen. —
Ich frage dich, was machtest du mit mir,
Wär' den Aufständischen der Streich geglückt,
Und ich läg' in Apulien bezwungen?
Pietro.
Dann spräch' ich: Gebt Sicilien dem Herrn,
Der Recht hat, es als König zu besitzen.
Friedrich.
Doch wenn er, um es aus der Hand zu reißen,
Die mit Italien Schacherhandel treibt,
Ganz wie ihm gut dünkt, sein Geschick bestimmte?
Pietro.
Dann spräch' ich abermalen Nein! es ist
Zuwider dem Vertrag, den er beschworen.
Friedrich.
Und ließest es den alten Henkern lieber!
Buchstabenheld, Italiener du!
Nur Mensch nicht, der da menschlich sieht und fühlt!
Pietro.
Buchstaben des Gesetzes sind erfunden
Für die, die ihr Gefühl zu weit verführt.
Friedrich.
Lebloses Herz! Betrug ist deine Waare!
Wenn ich Sicilien, meines Auges Stern,
Behüten will vor seiner Feinde Streichen,
(Mit imitirendem Ton.)
„Dann ist des Kaisers Herrscheramt verwirkt,
Dann ist es Zeit, daß Andre, denen es

Zukommt, dieß Lehn vergeben und besitzen!"
              (Die Hand auf ein Papier legend.)
Du kennst dieß Meisterstück, das du gebrütet? —
Und das in eurer heimlichen Versammlung
Der ganze Adel so vortrefflich fand!
                   Pietro.
Ich that es, weil der Kaiser mich nicht hörte.
Doch sprach ich auch, dieß sei das letzte Mittel,
Wenn aller andre Widerstand vergebens.
                  Friedrich.
Als wüßtest du nicht, du, des Kaisers Kanzler,
Daß der ein Reichsverräther, welcher ohne
Des Kaisers Wissen mit dem Feind verhandelt! —
Verhandelt nur?! Hast du nicht selbst den Aufruhr,
Den du versprochen, auf mich losgehetzt,
Als wir in deinem eignen Hause tagten?
                   Pietro.
Sei es der Schein, der mich verklagen mag! —
Kein Funke Schuld ist mein an dieser That.
Doch was ich that, war für Siciliens Recht.
                  Friedrich.
Das ew'ge Recht?! — Und die Statthalterschaft,
Der goldne Preis des Fürstenrangs, den dir
Der Papst hat ausgesetzt, du Held des Rechts?! —
Wie wohl gefiel Pietro der Gedanke! —
              (Mit bitterem Hohn.)
Seit ich zu Capua den Bettelschüler
Hervorzog, hat er wohl benützt die Muße,
Geschmack am Fürstenwesen zu studiren.
                  Pietro
        (mit der Hand an den Degen fahrend).
Friedrich!

Friedrich.
Unmächt'ger Sklave, krümmst du dich?
Das ziemt dem Wurm. — Ich Thor, der fern die Schlange
Gewähnt, die vor mir steht!

Pietro.
Zur Waffe, Friedrich!

Wachen und Gerichtspersonen (zugleich).
Empörung! (Wollen auf Pietro eindringen.)

Friedrich.
Laßt! Es ziert ihn dieser Muth. —
Zur Waffe? — gegen dich, Verächtlicher?
Macht die Gemeinheit noch sich lächerlich?

Pietro
(will gegen den Kaiser den Degen erheben; hält plötzlich inne).
Nein! Nein! ich kann es nicht! — doch du fahr' hin,
Mein eig'nes Leben, so wie Treu und Glauben!
(Indem er den Degen gegen seine eigene Brust erhebt, zittert er, wankt und fällt auf einen Stuhl nieder; der Degen gleitet zu Boden.)

Friedrich.
Die Treue? (Lachend.) Treue! — Die Getreuen sterben;
Die Lüge nur, die Feigheit bleibt am Leben!
Steh auf und zieh doch! zieh!
(Ihn näher betrachtend.)
Wie blaß und stöhnend!
Gedulde dich, dein Arzt ist schon beschieden;
Nur säumt er lange.
(In Pietros Betrachtung versunken.)
Krank! fast könnt' ich weinen —
Doch glühendes Metall wär' meine Thräne.
(Mit tönender Stimme.)
Hier sehet her, ihr Herzensthoren ihr,
Die an der Freundschaft Jugendmärchen glauben

So reißt der Satan Menschen auseinander,
Die an dem gleichen wärmenden Gedanken,
An einem Wunsch, wie an der Mutter Brust
Zwei gleichgeborne Söhne, sich genährt.
(Mitleidig.)
Krank! krank! (Mit plötzlicher Erregung.)
    Doch nicht auch ich? — Wie blutet sie,
Die Wunde von Vittoria! — (Auf Pietro.)
     Weil dieser — —
(Rasch innehaltend und in heftigem Kampf nach Ausdruck ringend.)
Nein! nein! hinab, Gefühl! — Vergeltung sei
Die Losung des Betrogenen! — (Laut ausbrechend.) Weil dieser
Bestoch'ne Knecht die Narbe aufgerissen!

     Pietro
  (rasch auffahrend und seinen Degen emporraffend).
„Knecht!" ja, das war das Wort, das alle Fibern
Aufregt in mir! — Der Knecht ist's, den der Staufe
Bei'm Anblick meines Weibs in meinem Hause
Wie ein Despot des Orients verhöhnte,
Daß ich mir schwur, es niemals zu vergessen!

    Friedrich (lachend).
Das hörtest du? — O wie prophetisch traf,
Was ich in munt'rer Laune damals sprach,
Die Wahrheit selber! — und mein Vorempfinden
War deutlicher als mein Erkennen war.

   Malespini (im Eintreten zu sich).
Die Waffe bloß Pietro?! — Gott des Todes,
Nun laß gelingen, was mich retten kann!

Vierzehnter Auftritt.

Vorige. Malespini. Nachher Hellodora.

Friedrich.
Da kommt er, der uns beiden helfen wird.
(Pietro steckt seinen Degen ein.)
Ich habe deinen Leibarzt herbefohlen.
Du wirst gestatten, daß er mich bediene,
Da ich dich selbst so aufrecht wieder sehe.
Gift, weiß ich, wirst du mir nicht reichen lassen.
(Hellodora tritt ein.)
Thu deine Pflicht und gib nun, Malespini,
Daß ich befreit und leicht mich einmal fühle.
Du hast mich ausgelernt und weißst genau
Wo mir das Uebel sitzt; du wirst es heilen.

Hellodora (auf Friedrich zueilend).
Trinkt nicht! Ihr seid des Todes! Es ist Gift!
Von Sinnen ist der Mann; ich sah ihn kommen —
So blickt kein Auge, das uns Gutes bringt.
Im Gang zur Halle schlug er sich mit Fäusten,
Dann drückt' er tief sein Kästchen in den Mantel
Und sprach: „Brich nicht, bis es gescheh'n — ich muß!
ich muß!"

Pietro.
Wahnsinnig Mädchen!

Friedrich
(höchst überrascht mit zerschneidender Stimme).
Possenspiele! (Zum Arzt.) Gib!
Das schickt sich an zu einer selt'nen Kur.

Malespini.

Mir selbst soll's Gift sein, spricht das Mädchen wahr!

Hellodora (gegen Malespini).

Zurück! ich tödte dich!

Friedrich
(sie vom Arzt abwehrend, kalt gebieterisch).

Gib, Malespini!

Indem Malespini schwankend einen Schritt vorwärts kommt und eine
Phiole aus seinem Kästchen hervorholt, rennt

Hellodora
beschwörend vom Einen zum Andern:

Zu Hilf! zu Hilf! wollt ihr auch Mörder sein?

Friedrich
(hat die Phiole rasch gefaßt; Malespini zuckt zusammen und hält die Phiole fest).

Du schwankst? — Bist du nicht sicher deiner Kunst?
(Ihm tief vorgebeugt starr in's Auge sehend.)
Ei doch! — du zweifelst? — Freilich ist der Fall
Ein ganz besond'rer! — Nun so prüfe sie
Erst an dir selbst, mein Freund! thu mir Bescheid;
Ich trinke nach, seh' ich an dir die Wirkung.
(Malespini vorwärts, als wollt' er fallen.)

Pietro.

Beim Himmel! was wird das? Er bebt!

Gerichtsperson.

Gebt Acht!

Friedrich
(hat den Arzt fest an einem Arm gefaßt).

Versuche! Oder stirb von dieser Hand!

Malespini.

Wohlan denn! besser so als auf dem Rad!

Trinkt, taumelt, sinkt zu Boden, indem er die Hände nach Pietro ausbreitet und ruft:

Pietro! (stirbt.)

<small>Gerichtsperson.</small>
Herr des Lichts! wie wird das enden?
<small>Heliodora (schreiend).</small>
Entfliehet! Gift und Mörder! — Vater!
<small>(Hinausstürzend.)</small> Manfred!
<small>Friedrich (mit fürchterlichem Lachen).</small>
Hast du's gehört? sein Letztes war „Pietro!"
Im Sterben ruft man seine Spießgesellen.
Giftmischer, Mörder, wie noch keiner lebte!
<small>Pietro.</small>
Gott! Gott! was hast du über mich verhängt!
Wahrheit! sei du mein Zeuge, denn kein Wort
Will ich so niedrigem Verdacht erwidern.
<small>(Zu den Gerichtspersonen.)</small>
Entwaffnet mich und stellt mich vor Gericht.
<small>Friedrich.</small>
Nehmt euch in Acht und kommt ihm nicht zu nah,
Sein Hauch ist Gift, sein Odem ist Verrath.
Gebt Acht auf eure beiden Herzenskammern;
Sie wohnen fünfzig Jahre beieinander,
Vom Saft der einen trinkt sich voll die andre,
Und was die andre rauscht versteht die eine. —
Gebt Acht, mit einmal unversehens trinkt
Die eine Gift statt schwesterlichen Blutes! —
Die Thörin! Thörin! Thörin! — warum hat
Sie nicht zuvor die andere vergiftet? —
Was gaffet ihr mich an? Soll ich euch sagen:
Tilgt, wie aus pestgeschwoll'nen Leibern man
Die Beulen brennt, ihn aus der Menschheit Reihen?
Ihr löscht mir die Erinn'rung doch nicht aus,
Wie dieser mir der Menschen Bild geschändet.

Wollt ihr mich klagen hören? soll ich weinen?
Ich kann es nicht! Ich habe Nichts mehr! Dieser
Hat Blut und Hirn und Denken mir versengt
Und ausgetrocknet ist der Thränen Grube. —
Geht, geht mit ihm, mir stirbt das Wort, die Flamme
Der Seele kämpft mit ihrem letzten Glimmen;
Geht, daß mich nicht des Irrwahns Grauen faßt!

Pietro
(indem er einem der Gerichtsmänner seinen Degen gibt).

Pietro geht! Doch in den Lüften hangen
Die Flüche und zerschmettern Dich, der seine
Gewalt mißbrauchend auf das Recht der Völker
Als wie der Einzelnen mit Füßen tritt!
(Die beiden Gerichtspersonen gehen mit ihm ab. Auf den Wink einer
Wache wird Malespini's Leichnam entfernt).

Fünfzehnter Auftritt.

Friedrich
(hat den Abgehenden, als woll' es ihn mitziehen, starr nachgeblickt; alsdann sinkt er machtlos in seinen Stuhl zusammen. Nach einer Pause tritt
er an's Fenster.)

Der Dunstkreis wirbelt und die Berge schwanken,
Aus ihrem Gleis gewichen rollt die Zeit;
Das Weltgesetz da oben wurde müde,
Den alten Gang der Dinge fortzusetzen. —
Die Wellen des Ombrone treiben rückwärts
Und nehmen ihren graden Weg hieher.
Fort! fort! ich laß' euch züchtigen! man soll
Nicht ungestraft nach mir mit Fingern greifen!

Wie scheint die Sonne fahl! wie bleifarb' ist,
Von bösen Fieberdünsten aufgeschwellt,
Die Luft gen Süden! — gegen Norden wohnen
Die hellen Lüfte und die klaren Quellen,
Und in der Berge Kammern die Magnete. —
Wie zieh'n sie mich! Ich komm'! schon sitz' ich auf,
Den Renner spornend durch die Morgenluft. —
Was hält mich denn auf einmal? Welch ein Hügel,
Als wie die Wohnung eines Längstbekannten!
Husch! husch, setz' über, treues Pferd! Wer wird
Nicht einen Hügel zwingen? — Wie, du scheust? —
Dann steig' ich ab! — So! — Wachsen denn die Hügel? —
Komm du, mein Schwert, ich stütze mich auf dich,
Und spring', auf dich gestützt, darüber weg! —
Wer faßt mich denn so fest? — Ich strauchle! sinke!
Tief lieg' ich, tief, um meinen Nacken rieselt's,
Und kalte Erde fühl' ich am Gesicht. —
Ich bin's! ich selbst! und kann nicht los; es fassen
Mich Schlaf und Traum in ihren Arm. —
        So finden
Die Wandrer einen Mann im Thaue liegen; —
Sie kennen ihn — sie schrei'n! — Die Menge kommt —
Da liegt der Kaiser todt, mit seinem Schwerte
Den Purpurmantel an ein Grab geheftet,
Und durch die Haide treibt sein irres Roß!
    (Gerichtsperson kommt.)

Sechzehnter Auftritt.

Friedrich. Gerichtsperson.

Gerichtsperson
(dem Kaiser ein Pergament reichend).
Das Urtheil des Gerichts, das Ihr berieft.
Friedrich (es überblickend).
Ihr Henker! saht ihr keinen andern Weg? —
Die Hälfte meiner Seele! meinen Fels!
Ihn soll ich tödten? Welchen Mann! Ihn tödten?
Zerbrecht mich lieber selbst! — — Doch! doch! er soll —
Nein! laßt ihn — — laßt ihn —
(Mit abgewandtem Gesicht beide Hände gegen die Gerichtsperson aus-
streckend, langsam und halb leise.)
Blenden! — blenden! — blenden!
(Gerichtsperson ab. Friedrich sinkt wie in einer Ohnmacht zusammen. —
Pause. — Alsdann kommen eilig Manfred, Hellodora.)

Siebzehnter Auftritt.

Friedrich. Manfred. Hellodora.

Manfred
(bei dessen Stimme Friedrich ihm langsam das Gesicht zukehrt).
Was ist geschehen, Vater? Alle Gänge
Des Schlosses hallen wieder von dem Rufe,
Verrath und Mord erfüllen diese Mauern,
Pietro sei den Richtern übergeben,
Ein unversöhnbar blut'ger Schritt gescheh'n.

Heliodora.

O rettet, ich beschwör' Euch, rettet ihn,
Eh' es zu spät! in Thränen fleh' ich Euch,
So wie ein Kind zerfließt vor'm Vaterherzen.

Friedrich (anfänglich sanft).

Ihr kommet schon? — Ich weiß, Ihr wollt mich stürmen,
Ihr neidenswerthen Seelen, die den Abgrund
Mit treuen Worten zu verschließen meinen.
Wenn ich euch sehe, ja, dann möcht' ich wohl
Rückkehren, möchte eine ganze Welt
Von Jugend, da der Mensch noch glauben kann,
Mit allen Hoffnungsträumen wiederholen. —
O führt mich in das Jugendland! ich will
Mein Blut und meine Seele mit euch theilen,
Und für ein einzig menschlich Wesen, das mir
Treu bleibt, in's tiefste Meer die Krone werfen! — —

(Mit finsterer Strenge.)

Doch ich bin alt! — Das Alter aber hat
So viel, so grausam Schweres hinter sich,
Daß ihm das Herz zu Eis erstarrt, daß es
Verderben muß, will es nicht selbst verderben! —

Heliodora
(in höchster Angst auf die Kniee fallend).

Den Vater gib mir wieder!

Friedrich.

    Der mich mordet?!

Heliodora.

Bei'm heil'gen Gott! den Vater laß mich sehen!

Friedrich.

Du wirst ihn sehen; er dich nicht, — weil er —

Manfred.
Halt ein, eh ihr dein kaltes Todeswort
Denn Sinn verrückt!

Heliodora (verzweifelnd aufschreiend).
Den Vater gib!

Friedrich.
Er hat
Kein Auge mehr!

Heliodora
(aufspringend, rückwärts bebend und wie zur Abwehr die Hände gegen den Kaiser erhebend).
Unmensch! Entsetzlicher!
(Will zu Manfred flüchten, bebt auch vor ihm zurück; mit hohler Stimme.)
Es ist sein Sohn! —
(Plötzlich ihm an die Brust fallend.)
Du Engel, rette mich!
Die Welt zerbricht! Tod ist umher und Grauen!
Laß meines Herzens Liebe nicht verzweifeln!

Manfred
(sie wie eine Ohnmächtige festhaltend, indeß Friedrich unbeweglich bleibt).
Sieh, Vater, was du thatest! O ich möchte
Am Markte stehen, daß auf mich die Knaben
Mit Fingern wiesen und die Welfen schrieen:
„Seht, das ist Manfred, jenes Friedrichs Sohn,
Der seine nächsten Herzen tödtet! der
Pietro blenden ließ, weil dessen Feinde
Das Urtheil sprachen!" — Hieher blicke, Kaiser!
Wenn diese Blume an des Vaters Hand
Den Stab wird suchen, den das Weib bedarf,
Dann wird sie rufen: Kaiser Friedrich war's,
Der Vater Manfreds, der mir ihn zerbrochen! —
Und Grauen vor den Staufen wird sie fassen.

Wie seh' ich mir dein eigen Bild getrübt,
Das mir das Höchste in der Welt gegolten!
Und ein Geflüster hör' ich aus der Luft,
Das nach dem Hohenstaufennamen tastet,
So wie die Brandung eines Felsen Wurzel,
Langsam den Grund abschwemmend, unterhöhlt,
Bis ihn der nächste Sturm zur Tiefe schleudert.
(Mit beschwörender Stimme.)
Die Stürme sind beflügelt — sieh dich vor,
Errette dich und rette deinen Namen!
(Geht ab, die noch halb ohnmächtige Geliebte im Arm. Friedrich verharrt in regungslosem Schweigen.)
Julia (hereineilend).
O dieses Jammers! Kaiser! theurer Kaiser!
(Sinkt an seine Brust; der Vorhang fällt.)

Fünfter Aufzug.

Erster Auftritt.

Im kaiserlichen Schloß zu Grosseto.

Friedrich. Gleich darauf Hermann von Salza.

Friedrich (in sich versunken).

Die rechte Hand hat darum ihre Kraft,
Das Herz wuchs darum auf der linken Seite,
Damit im Kampf die Bruderhand dem Bruder
Das Leben sich'rer auf den Tod verwunde.
Und eine schwarze Stunde hat der Mensch,
Der er nicht Herr ist, wo das Schicksal ihn
Dem guten Engel aus den Händen reißt
Und stürzt ihn, der nicht will, in Schuld und Reue.
Warum vergaß ich deines Worts, Bianca:
„Du wirst ihn mild — wirst wie ein Freund ihn richten!"

Hermann (der eintritt).

Mein theurer Kaiser!

Friedrich
(mit ausgebreiteten Armen auf ihn zueilend.)

Du, mein letzter Freund!

Hermann.
Nein, Majestät! von vielen Einer nur!
Friedrich.
Du kommst mir wie ein Gottesangesicht! —
Doch welch ein ander Antlitz zeig' ich dir?
O, ich hab' ihn getödtet! — Ist geblendet
Nicht wie getödtet? — Die Betrüger haben
Auch ihm den Sinn verwirrt. — Er strauchelte.
Hermann.
Auch ihrer Frevel wartet die Vergeltung.
Friedrich (angelegentlich).
Doch ein **Verräther** war er nicht! — nein, kein Ver=
rather!
Er hat nur wie ein stolzer Mann gefehlt; —
Als es zu spät, ward der Betrug erwiesen. —
Doch ich, ich ließ ihn blenden und verderben!
Und mir, o mir hängt Blutschuld an den Fingern.
Hermann.
Es ist ein schweres Schicksal, Herr! so schwer —
Die besten Männer dürfen drüber weinen.
Friedrich.
Der Andre, der sein Blut für mich gelassen,
Er liegt auf Parmas Leichenfeld begraben.
Hermann.
Ich hab' ihm meiner Thränen Zoll gebracht,
Wie Enzio, dem gefang'nen Kaisersohn.
Und doch! —
Friedrich.
    Im deutschen Land ein Gegenkönig!
Mein Sohn bedrängt von ihm, ich hier gehindert,
Ihm meinen Arm zu leihn, den er begehrt.

Sprach ich nicht wahr? — Die Stützen alle weichen
Von mir!
(Seine beiden Hände fassend.)
Der letzten drück' ich jetzt die Hände!
Hermann.
Ich kam, Euch tausend neuer zu versichern.
Friedrich.
Dem Vielgetäuschten wird der Glaube schwer.
Hermann.
Des Feindes Uebermuth hat allerorten
Den Zweifelnden die Augen aufgethan.
Das deutsche Volk will keinen Pfaffenkönig,
Es ruft durch mich zu Euch: O kommt und zeiget
Dem Reich die Kaisermacht, es harrt nur Eurer!
Friedrich.
Hält mich an diesen Boden nicht gefesselt
Ein ewiger Vulkan, der drunter wühlt?
Herrmann.
Und Eure treuen Städte, Reutlingen
Und Ulm, sie schlugen Heinrich Raspen frisch
Die Thore vor der Nase zu und riefen:
Konrad von Staufen nennt sich unser König!
Doch Euer Brief an Könige und Völker,
Er lief wie Feuer, klang bis in die Hütten,
Daß man am Markte konnte rufen hören,
Wenn just ein Bettelmönch vorübergieng:
„Hinaus zum Land mit diesen Beutelschneidern!" —
Im deutschen Land liegt Eurer Thaten Heimat,
Und Eure Sterne blüh'n im deutschen Land!
Friedrich.
Fünf Jahre früher so! — die Welt stünd' anders!

Jetzt ist zu tief die Fäulniß eingefressen,
Und bis sie ausgeheilt, ist Friedrich todt.
Ach, viel zu kurz ist eines Menschen Zeit!

     Hermann.
Doch unsers Herrgotts Zeit ist lang genug! —
Auch regt sich's überall von bessern Säften.
Ein Pfarrer zu Paris, als er den Bann
Verkünden sollte über Euch, sprach so:
„Weil wir nicht wissen, wer der Frevler ist,
Sprech' ich ihn über den, der ihn verdient!"
Und als er aus der Kirche trat, umgab
Ihn alles Volk und jubelte dem Priester.

    Friedrich (aufgeheitert).
Schaff' mir den Mann an meinen Hof. Man sagt,
Daß Eine Schwalbe keinen Sommer macht;
Doch solche Frühlingsboten künden mir,
Sie kommen noch, aus Frankreich oder Deutschland,
Die beff're Witt'rung nach Europa bringen. —
Das ist Etwas, ist wirklich Etwas, Freund!
Vielleicht ich hab' vergebens nicht gelebt!
     (Manfred erscheint am Eingang.)

Zweiter Auftritt.

Vorige. Manfred. Nachher Jacopo.

    Hermann (auf Manfred weisend).
Vergebt, daß ich den Friedensstifter machte.

Friedrich
(da Manfred rasch auf den Vater zueilt und ihm die Hand reicht).
Mein Sohn!
(Jacopo, der an der Thür erscheint, betrachtet die Scene.)
Manfred.
Mein Vater! — nein, ich kann's nicht tragen,
Daß Zwist uns trennt. Ihr selbst habt mich so hohe
Ehrfurcht vor Eurer Majestät gelehrt!
Friedrich.
Doch Heliodora! — und wo weilt die Arme?
Manfred.
Zu Pisa mit dem Vater. — Ehren wird sie's,
Daß ich die Staufenseele nicht verleugne.
Auf, laßt mich's zeigen! Parma soll nicht höhnen
Und Enzio nicht schmachten! — Laßt mich ihn
Befrei'n, und dann um Heliodora werben.
Friedrich (ihn beglückt umarmend).
Wie Frühling ist dein Wort, wie Sonnenregen,
Der Erde Grün und Wohlgeruch entlockend.
Ja, du bist meines Bluts ein Theil, ich fühle,
Daß du aus meiner Seele bist entsprossen.
Und wie ich dich betrachte, sieh, so löst
Sich von mir selbst des Winters starre Rinde;
Verborg'ne Knospen treten vor und zeigen,
Daß noch der innre Trieb derselbe blieb.
Mich selbst empfind' ich wieder! Ja es muß,
Muß an sein Ziel, was ich gedacht — mit dir!
Auf gegen Norden! — Sei des Bruders Rächer!
(Beider Hände fassend.)
Mich laßt die alten Schwüre lösen! Ich
Will wie ein Adler von den Alpen stürzen

Und mich zu Gaste laden in Lyon,
Ob's Raum für Zwei hat, oder Einer weicht. —
Dann lad' ich euch zu einer großen, großen
Vermählung unter Gottes freiem Himmel:
Deutschland der Mann, Italien das Weib,
Er etwas derb von Fäusten, glatter sie,
So werden sich die Gaben gut vergleichen;
Und meine Hand ist's, die den Bund beschließt! —
     Hermann.
Mög' dieser Bund Euch nicht gereuen, Herr! —
Deutschland allein — das wär' ein Paradies,
Und tausend eig'ne Blüthen könnt' es zeugen!
     Friedrich.
Seid mit mir — der Vermählungszug beginnt.
   (Jacopo stürzt herzu und fällt vor dem Kaiser nieder.)
     Hermann.
Hier kommt Euch Einer, der ihn theilen will.
     Jacopo.
Erhörung, großer Kaiser, und Vergebung!
     Hermann.
Er war aus Eurem Heer zum Papst entlaufen,
Und kehrt zu Euch zurück; — er ist geheilt.
    Friedrich (zu dem Knieenden).
Geh und verschaff' dir kaiserliche Rüstung;
Doch nicht zum zweitenmale sieh mich so!
    (Jacopo erhebt sich und geht ab.)
Die Zahl der Schwalben mehrt sich, Ordensmeister;
Der Frühling kommt, des Kaisers Saat grünt wieder!
     (Zu Manfred.)
Und hab' ich dich auch ganz zurück?
    Manfred (ihm die Hand drückend).
       Mein Vater!

Friedrich.
Der Kampf soll mir den Athem wieder bringen,
Den ich nicht ganz in diesen Räumen finde.
(Nicht ohne Verdüsterung.)
Und wie vom Platze, wo ein Mord geschah,
Die letzten Spuren man mit Rauch und Feuer
— Und mit Gebeten wegtilgt, zieh' ich fort,
Was hier gescheh'n mit stiller Nacht bedeckend.
(Gehen ab.)

Dritter Auftritt.

Bei Pisa. Ein Weg zwischen Feldern. Man sieht in der Ferne die Thürme von Pisa.

Pietro kommt, geführt von Heliodora.

Heliodora.
Das ist ein stiller Weg, mein lieber Vater.
Hier höret Ihr des Marsches Dröhnen nicht,
Der uns durch Pisa bringt die Kriegerschaaren,
Die gegen Norden zieh'n seit dreien Tagen.

Pietro.
Ist's nicht genug, daß ich sie nennen höre?
Die Augenhöhle brennt, als säh' ich sie,
Und jedes Klingen, jedes Rauschen mahnt
Mich an den Namen des verhaßten Hauses.
Tod über ihn! — Mir selber aber bin ich
Verhaßt, daß ich ihn nicht zu Boden warf.

Heliodora.
O Vater! — Manfred aber?!

Pietro.
                    Ist ein Staufe!
Vergaßest du, daß ich kein Auge habe?
Und weißt du nicht, wie das Geschlecht sich nennt,
Das keine frohen Augen um sich duldet?
            Heliodora.
Doch Manfreds Blicke, Vater, wenn sie lügen,
Dann ist kein treues Wesen unter'm Himmel!
            Pietro.
Du bist der Kindesglaube, wie dein Volk;
Die Deutschen sind die Kälte der Vernichtung!
            Heliodora.
Soll ich denn niemals glücklich sein, mein Vater?
            Pietro.
In deines Hauses Ehre lebt dein Glück.
            Heliodora.
Doch eine Stimme ruft in meiner Brust:
„Auch dir gehörst du an und deinem Herzen!"
Ich kann nicht leben ohne diese Liebe,
Sie ist mein Athem und mein Sonnenschein!
            (Mit flehender Stimme.)
Was du in deinem Kinde selbst gepflanzt,
Nimm ihm den Glauben nicht an seine Liebe!
            Pietro.
Verlorenes Geschöpf! Begrabe mich,
Eh denn ich sterben muß, entehrt von dir!
Nie, nie, so lang ich lebe, wirst du sein!
Und wenn ich todt bin, soll Pietros Staub
Vom Grab sich heben und Italiens Geister,
Die du beschimpfst, durch deine Nächte jagen,
Daß sie die Luft verderben um dich her,

Wo du der ersten Stunde froh willst werden
Mit deines Volks und deines Vaters Mördern!
(Mit einem Arme sie fest umklammernd und mit der andern Hand ihr das
Haupt bedeckend.)
Laß dich beschützen, Kind, vor ihrer Hand,
Die Alles niederwürgt, was sie berührt! —
(Aufmerksam.)
Hörst du nicht Tritte nahen?

Heliodora.

Ja, mein Vater.

Pietro.

Von Süden? — denn ich spür' dorther die Sonne,
Von wo sie kommen.

Heliodora.

Helme glänzen.

Pietro.

Helme?!

Heliodora.

Die Sonne blendet mich. — Sie sitzen ab
Von ihren Rössen — lenken von der Straße —
Und wenden sich hieher! —
(Mit steigender Bewegung.)
Ich kenn' die Männer —
(Ihm um den Hals fallend.)
Erbarmen, Vaterherz, sie sind es!

Pietro.

Wer?!

Heliodora.

Die Staufenhelme! — Halt mich fest, ich sinke!
Pietro (bebend und mit den Händen tastend).
Trag' mich nach Pisa!

Heliodora.

Eilet! Eilet!

Pietro.
                    Bete,
Daß mich kein Staufenaug lebendig sehe,
Daß unter ihrem Fuß die Erde bricht!
Wirf ein zweischneidig Schwert auf ihren Weg,
Das auf- und abwärts zwischen uns und ihnen
Des Himmels und des Abgrunds Reich zerschneidet,
Daß ewig, ewig nimmer mich mit ihnen
Dieselbe Luft berührt — nicht hier (zum Himmel) noch dort!
               Heliodora
           (indem sie den Bebenden rasch davon führt).
Gott mit dir, Vater! (zurückblickend) und mit dir, Geliebter!

Vierter Auftritt.

Friedrich, Manfred, Hermann von Salza kommen.

           Friedrich (gehoben).
Es war ein schöner Zug, wohin wir kamen!
           Manfred.
Ein Siegeszug ist's!
           Hermann.
                    Eine freudige
Bewegung, wo den Kaiser man erblickt.
           Friedrich.
Es sieht sich anders als vordem; der Anfang
Verheißt ein gutes Ende meiner Fahrt.
           Hermann.
Durch ganz Lombardien hat der Sinn der Städte
Sich umgewendet. Die Parmenser sprechen:

„Für wen erkämpften wir den Sieg? — dem Papst?
Der uns die Republik als Preis verspricht!
Nein doch! wir fangen an zu seh'n, des Kaisers
Gewalt ist besser als die Schliche Roms."
Nach gutem Frieden werden sie begehren,
Und Ihr habt endlich Eure Arme frei.
    Friedrich.
Sie sollen mehr noch haben! Aufgehoben
Ist die Verfolgung der Aufrührischen
Und Ketzer. Ihrem eig'nen Sinne will
Die Widerspenstigen ich überlassen;
Ob sie von selbst nicht kommen, wie die Kinder,
Die der Erzieher lang umsonst gelockt.
    Hermann (freudig).
Und dann auf andrem Boden seh' ich Euch!
Denn ganz der Stärkung Deutschlands seid Ihr dann
Ergeben; darauf warten heiß die Städte
Des Reichs, und tausend Keime neuer Bildung,
Sie harren nur der Pflege Eurer Hand.
   (Wird aufmerksam. Fernes Getös klagender Stimmen.)
Welch ein Getös und Murren?
    Friedrich.
      Sieh, woher.
         (Hermann ab.)
Wir steh'n vor Pisa, lieber Sohn. Sei dir
Ein schöner Stern des Glücks ob dieser Stadt!
Ich will vorüberzieh'n. Erhelle du
Durch Sieg und Liebe jenen dunkeln Punkt,
Der nicht aus meiner Seele weichen will,
Und bringe Heliodora meinen Segen.
    Manfred.
Sie wird es fassen, wenn ich nun ihr sage:

Zwei große Männer, die sich nahe wohnen,
Wie Friedrich und Pietro, haben nicht
Raum beieinander; stolze Thaten rücken
Abstoßend beide blutig auseinander.
Doch die bescheidener gepflanzten Kinder,
Sie dürfen freundlich knüpfen und versöhnen.

Friedrich.

Du bist ein edler Sohn! — Und Eines noch!
Ich bin an Gold und Perlen nie gehangen,
Und all ihr Glanz vermag nicht aufzuwiegen
Ein einzig schönes menschliches Empfinden. —
Doch dieses Ringes Perle sieh! — Ihn gab
Mir Sultan Kamel, als ich nach den Zügen
Durch Syrien dem Trefflichen begegnet. —
Ich kenne keinen menschlicheren Menschen! —
Bei Christen, die verwundet lagen, fand ich
Den Edlen knie'n, die Wunden zu verbinden. —
Was streiten wir uns denn um dieses Land,
Rief ich ihm zu — die Seele hüpfte mir —
Steht unser Christenvolk in solchen Händen!
„Will euer Meister es nicht auch," sprach er,
„Daß ihr die Wunden Türken sollt verbinden?" —
Ein Angedenken mir von dieser Hand,
Die Solches that! rief ich, und küßte sie,
Und an den Finger steckt' er mir den Ring. —
Sieh darum haß' ich so den Glaubensstolz!
Ein einzig großes Völkerthum — das war
Der schönsten Träume meines Lebens einer!
Du sollst die Perle erben — und sie ist
So viel werth als die wärmste Mutterthräne.

Manfred.
Ich will sie tragen ihres Gebers würdig!
(Das frühere Getöse wiederholt sich.)
Hermann (eilfertig kommend).
O Herr, entfernt Euch von dem bösen Ort!
Friedrich.
Was ist's?
Hermann.
Pietro!
Manfred.
Was?
Hermann.
Sie bringen ihn.
(Man hört Trauermusik.)
Ihn führte seine Tochter durch die Gegend.
Als er vernahm, daß Ihr gezogen kämt,
Da eilt' er, daß die Tochter kaum ihm folgte,
Davon, nach Pisas Straßen heimbegehrend.
Doch als sie an das Stadtthor kaum gelangt,
Entriß er sich des Mädchens Hand und rannte
Die Stirne gegen des Portales Säulen
So mächtig, daß sein Hirn auf's Pflaster spritzte,
Nachdem er Euch und Euer Haus verflucht.
Friedrich.
Das ist das Grab, das ich im Traume sah.
Manfred.
O Heliodora!
Hermann.
Kommet, edler Kaiser!
Friedrich.
Nein! nein! ich muß ihn sehen!

Manfred (fortdrängend).
                    Kommt von hinnen!
(Die Trauermusik kommt näher.)
                Hermann.
Nach seiner Villa bringt man ihn. — O kommt!
                Friedrich.
Ich muß ihn sehen, muß dem Volke sagen:
Das that nicht ich!
(Spricht das Folgende mit steigender Hast.)
                    Wie sprachest du, mein Sohn? —
„Zwei große Männer, die sich nahe wohnen,
Sie finden ihren Raum nicht beieinander,
Und blutig, blutig endigt's zwischen beiden."
(Die Musik erklingt ganz in der Nähe. — Pietros Leichnam, schwarz verhüllt, wird auf einer Bahre über die Bühne getragen. Julia und Heliodora, schwarz gekleidet, kommen hinter der Bahre. — Musik schweigt.)

Fünfter Auftritt.

Vorige. Julia. Heliodora.

Friedrich (gegen die niedergesetzte Bahre).
Das that nicht ich! Das hat der Feind gethan!
(Als wollt' er sich auf die Bahre stürzen.)
            Julia ihm entgegentretend).
Zurück von ihm, du Mörder deiner Freunde!
Fluch jedem Tag, da dich der Todte sah!
Fluch deinem Haus und blutiges Verderben!
(Heliodora wankt und droht zu sinken.)

Manfred
Verschling' mich, Erde, nicht vor diesem Bilde!
(Eilt Hellodora zu Hilfe.)
Julia *(zu Hellodora).*
Sieh, wie sie locken können, die Verführer!
Wie sie mit tiefen Blicken an sich ziehen,
Als wäre Nichts denn helle Menschengüte
Und warmer Sonnenschein im Grund der Seele.
Du Thörin glaubst daran und nimmst dir Wohnung
Auf diesem Boden. — Plötzlich fährt ein Pfeil
Dir in die Augen, Nacht ist um dich her,
Und eine höhnende Despotenstimme
Stößt dich hinaus und triumphirt ob dir:
„Du eitler Narr! weil ich dich hier geduldet,
So lang es mir gefallen, dünktest du
Zu Hause dich auf staufischem Gebiete? —
Das ist vorüber! Fort mit dir!" — Und du
Stehst hilflos vor der zugeworfnen Thüre! —
Tod auf die Staufen und ihr ganz Geschlecht! —
Doch sieh, schon bricht's herein! — *(Auf Friedrich.)*
                              Blick' ihm in's Auge!
Wie die Vergeltung an ihm reißt, wie's ihn
Im Mark erschüttert, ihn zu Boden wirft
Und hinter ihm sein ganz Geschlecht, bis nun
Der Letzte schließt den schauervollen Reigen!
(Sie bei der Hand fassend, gebieterisch.)
Hinweg von hier!
Hellodora.
    Ich sterbe! laßt mich sterben!
(Sich an Manfred klammernd.)
Erbarmen, Mutter! — hast du kein Erbarmen?

Manfred (sie umfassend).

Ich halte dich!

Julia (ihre Hand wegstoßend).

So bleib in seinen Armen!
Ich habe keine Tochter mehr, sie warf
Sich an die Mörder ihres Hauses weg!

Heliodora.

Nur ein Funken Liebe, Mutter! Mutter!

Julia
(den Trägern winkend, mit der Bahre abzugehen).

Mit **dem** (auf Friedrich deutend) und **dem** (auf Manfred)
wirst du zu Grunde gehn!
(Eilt rasch der Bahre nach. Heliodora stand in heftigem Kampf, als sollte sie der Mutter folgen; alsdann wirft sie sich sprachlos in Manfreds Arme.)

Friedrich (der bisher starr auf die Scene geblickt).

Komm, Heliodora, stütze mich! Die Wunde,
Die ich bei Parma in die Brust erhielt,
Ist aufgebrochen!
(Nachdem er ein Tuch vor den Mund gedrückt.)
Meine Lunge blutet,
Und rothe Tropfen färben mir die Lippen.
(Manfred und Heliodora unterstützen ihn.)
Wie seid ihr treue Stützen, meine Kinder!

Hermann.

Dort, edler Kaiser, wartet Euer Pferd.

Friedrich.

Wird es nicht scheuen, wenn es mich erblickt?
(Wird von Manfred und Heliodora weggeführt.)

Hermann (dem abgehenden Kaiser nachblickend).

Der wunderbare Mensch!' wie wenig fehlte,
Er hätt' uns ein Jahrhundert festgestellt,
Wie keins gewesen! — Doch das Schicksal mischt
Zu großen Herrlichkeiten tiefe Schatten,

Fischer, Friedrich der Zweite. 9

Damit die Erde nicht vollkommen werde.
Auch du erfüllst es, was seit Karl dem Großen
Der Deutschen Elend war, der ferneschweifende
Gedanke, den die Fremde lockt, und der
An dieß Phantom das Leben setzt, indessen
Nach eines Ordners Hand die Heimat schmachtet. —
Erst als zu spät es ist, siehst du das Rechte! —
Und dennoch, Friedrich, bleibst du groß und einzig,
Du glänzend Wunder deiner trüben Zeit!
(Geht ab den Andern nach.)

Sechster Auftritt.

Bei Firenzuola. Ueber einer Terrasse, die mit Blumen,
Statuen 2c. besetzt ist, der Portikus einer Villa, seit ich vom
Zuschauer.

Hermann von Salza kommt; bald darauf Manfred.

Hermann.

Der Ort ist gut. Hier, Kranker, wirst du ruhen;
Doch leider fürcht' ich, wirst du mehr als ruhen. —
Weil du zu groß, und nur dir selbst gehorchend,
Die Krücken wegwarfst, welche Andre stützen,
Verkannten dich, die erst dich angebetet.
Und nun sie dich auf's neue wieder suchen
Und ahnen, was dein großes Herz gewollt —
Da stirbst du. — Doch die tiefserschrock'ne Welt
Wird an der Stirn' sich fassen, sich besinnen:
Welch ein Palladium konnten wir veräußern?!
Verlassen von dem Führer, der sie weckte,

Wird sich die Stromflut der erregten Kräfte
Gesetzlos, wie des Chaos Elemente,
Aus langem Wirrsal einen Ausweg suchen,
Und wilde Zeit bricht auf die Völker ein!
(Zu Manfred, welcher kommt.)
Wie habt Ihr ihn verlassen?
Manfred.

                Wie die Sonne,
Die eben untergeht, versöhnt und groß.
Hermann.
Versänke nur nicht so viel Glanz mit ihr,
Den einen schönen Tag lang sie verbreitet!
Manfred.
O treue Freundesseele, er verläßt uns!
Pietros Tod hat ihm das Herz gebrochen.
Hermann (hinaussehend).
Er naht sich. — Wie Verklärung liegt's um ihn;
So sterben echte Helden —. noch ein Aufglanz,
Und dann der Fall, davon die Welt erzittert!

(Friedrich, ganz mit dem kaiserlichen Schmuck bekleidet, wird von mehreren Dienern in einem Tragsessel hereingebracht und unter dem Portikus niedergesetzt; alsdann gehen die Diener ab. Manfred und Hermann umstehen den Kaiser.)

Siebenter Auftritt.

Die Vorigen. Friedrich.

Friedrich.
Hier hemmt dem Auge Nichts den freien Blick,
Ich seh' den Himmel bis zum fernsten Rande;

In seinen Raum will ich den Geist verhauchen.
Wie heißt der Ort?

Hermann.
Firenzuola, Herr.

Friedrich (überrascht).
Firenzuola? Eine Blumenstadt? —
Ich habe lebenslang Florenz gemieden,
Weil Meister Michael, mein Astronom,
Geweissagt, unter Blumen würd' ich sterben. —
Und also dennoch eine Blumenstadt?! —
Ich sterb' und seh', man stört nicht ungestraft
Das Spielzeug, das die Völker glücklich macht!

(Manfred die Hand auflegend.)

Du bist mein Erbe in Apulien!
Sei wie dein Vater! —

(Langsam und nachdrücklich.)

Nur in Einem nicht!
Errette Enzio, hilf Sardinien
Für ihn erhalten — und mein ganz Vermächtniß
Ist dieß: Seid Könige!

Manfred.
Wie leicht mit dir,
Du Königsvorbild, wär' es König sein! —
Wie schwer, wenn dieses Vorbild von uns geht!

Friedrich.
Seid Könige! begrüßet Deutschland — ach
Ich sollt' es nimmer sehen! — und begrüßt
Italien von seinem Herrn. Sie werden
Vor meinen Feinden meinen Namen schützen. —
Bald wird es Nacht vor mir! — —

Hermann.

Ein hell'res Land
Erwartet Euch!

Friedrich.

Es ist ein schwer Geschick:
Im selben Augenblicke, da man sähe,
Wie's drüben anhebt, sieht man schon nicht mehr! —
Doch warum zweifeln? — War ich meiner nur
Einmal gewiß, war ich's für alle Zeit.
(Nach einem tiefen Athemzug.)
Firenzuola! — (Zu Manfred.) Wo ist deine Mutter?
(Manfred deutet hinaus. Bianca und Hellobora kommen.)

Achter Auftritt.

Vorige. Bianca. Hellobora.

Friedrich
(die Arme nach diesen ausstreckend).
Sie kommen, meine Blumen — und ich sterbe!

Bianca
(mit dem Ausdruck des tiefsten Leidens zu ihm niederknieend, indeß Hellobora das Gesicht an Manfreds Brust verbirgt).
O Friedrich!

Friedrich.

In Biancas Armen sterb' ich,
Das ist ein gut Geschick! Ich danke dir,
Und weiß, daß keine Liebe deiner gleicht;
Nimm meine ganze Seele hin zum Dank! —
Und du hast mir vergeben, Hellobora?

Heliodora.
O Vater Manfreds, segne deine Tochter!
Friedrich.
Vergelte meines Sohnes Liebe dir
Was ich dir nahm, und sei durch ihn so glücklich,
Wie seiner Mutter Liebe mich beglückt.
Blanca.
O Himmel voller Seligkeit, der mich
Umstrahlt im Sonnenscheine dieser Liebe,
Sei du mir Sonne, wenn in Nacht zurück
Der Einzige mich läßt!
(Der Himmel glänzt im Abendroth.)

Friedrich
(spricht das Folgende, halb in die Höhe gerichtet, mit verklärter Stimme).

Der Himmel flammt!
In seinem Widerscheine glänzt die Burg
Der Väter! Von der Mittagszinne schaut
Friedrich, mein Ahn — ein unbezwungner Mann!
Du heldengroßes Bild! — —
(Die Arme ausbreitend.)

Ein lichter Bogen,
Daran der Völker Herzen sich erhellen,
Geht von Sicilien über Hohenstaufen
Und schwingt sich fort bis zu des Nordmeers Küste —
Und der ihn schuf — war Friedrich! — und Pietro!

Sinkt zurück und stirbt. Es wird Nacht. Ein rother Blitz erleuchtet grell im Hintergrunde den in unverhülltem Mönchsgewand vorübergehenden

Bojolus,
der, von den andern unbemerkt, ein Blatt zerreißt und spricht:

So schloß die Rechnung: — Friedrich und Pietro!
Erkennt ihr's, Thoren? Rom heißt euer Meister!
(Rasch ab.)

Hermann.
Die Sonne schied!

Manfred.
Wir stehen in der Nacht.

(Hohles, dröhnendes Donnern beginnt, das, bis zu erschütternder Stärke wachsend, sich lange fortsetzt).

Hermann.
Die Erde wankt, und sucht ihr Gleichgewicht,
Das sie verliert, wenn solch ein Mensch verscheidet.

Bianca.
Und mag sie untergeh'n! Wer soll sie halten,
Wenn ihrer Säulen Zierde so zerbricht?
O nicht der Mühe werth ist's mehr zu leben!
Geht, meine Kinder; rüstet euch zur Reise,
Wir ziehen nach Palermo! — An des Kaisers
Grabstätte will ich knieen bis ich sterbe.

(Verbirgt ihr Gesicht in Friedrichs Schoß, in welcher Stellung sie bis zum Ende verharrt.)

Manfred
(kniet vor der Leiche, sein Schwert entblößend).

Hör' mich, du väterlicher Geist! ich will
Die Welt durch Thaten lehren, daß der Staufen
Geschlecht fortblüht! Daß selbst im Untergang
Sie herrlicher als ihre Feinde glänzen!

(Erhebt sich.)

Hellodora.
Und Treue schwör' ich dir bis in den Tod!

(Geht mit Manfred ab.)

Neunter Auftritt.

Hermann. Bianca an Friedrichs Leiche.

(Es bringt Helle von außen zu.)

Hermann.

Sie nahen sich mit Fackeln. — Kommet nur;
Ein halb Jahrtausend mag vorübergeh'n,
Bis daß ein zweiter Friedrich wieder kehrt!
(Der Platz füllt sich mit deutschen und saracenischen Kriegern, welche Fackeln tragen, und den Todten mit wortlosem Schmerz in weitem Halbkreis umstehen. Dumpfe Glocken ertönen aus der Ferne. Hermann spricht, gegen den Leichnam gewendet, mit begeisterter Stimme.)
Die Glocken künden deinen Tod! sie werden
Wie Kriegsruf durch Europa wiederhallen!
Frankreich und England rüsten ihre Heere,
Die Deutschen pochen an der Alpen Thor!
Ihr Held bist du, sie führen **deine** Sache
Und aus dem Grabe kämpft dein Name fort.
Der Geist des Lichtes, dem du Raum geschaffen,
Geht mit der Erde Mächten in's Gericht,
Ein Völkerfrühling kommt ihm nachgeschritten,
Und ewig ruht der Freiheit Dämon nicht,
Bis ihm sein ganzes volles Recht erstritten!

(Der Vorhang fällt.)

www.ingramcontent.com/pod-product-compliance
Lightning Source LLC
Chambersburg PA
CBHW020057170426
43199CB00009B/313